O EVANGELHO DO REI JESUS

SCOT MCKNIGHT

O EVANGELHO DO REI JESUS

UMA ANÁLISE PROFUNDA E INOVADORA DA MENSAGEM QUE ABALOU O MUNDO.

SCOT MCKNIGHT

Título original: *The King Jesus Gospel*.
Copyright © 2011 by Scot McKnight.
Publicado originalmente por Zondervan (um selo da HarperCollins Christian Publishing), Grand Rapids, Michigan, EUA.

1ª edição: maio de 2023

TRADUÇÃO
Maurício Bezerra

REVISÃO
Luiz Werneck Maia (copidesque)
Nilda Nunes (provas)

CAPA
Rafael Brum

DIAGRAMAÇÃO
Letras Reformadas

EDITOR
Aldo Menezes

COORDENADOR DE PRODUÇÃO
Mauro Terrengui

IMPRESSÃO E ACABAMENTO
Imprensa da Fé

As opiniões, as interpretações e os conceitos emitidos nesta obra são de responsabilidade do autor e não refletem necessariamente o ponto de vista da Hagnos.

Todos os direitos desta edição reservados à
EDITORA HAGNOS LTDA.
Rua Geraldo Flausino Gomes, 42, conj. 41
CEP 04575-060 — São Paulo, SP
Tel.: (11) 5990-3308

E-mail: hagnos@hagnos.com.br

Dados Internacionais de Catalogação na Publicação (CIP)
Angélica Ilacqua CRB-8/7057

McKnight, Scot
   O evangelho do Rei Jesus: uma análise profunda e inovadora da mensagem que abalou o mundo / Scot McKnight ; tradução de Maurício B. S. Silva. — São Paulo: Hagnos, 2023.

   ISBN 978-85-7742-407-8
   Título original: The King Jesus Gospel

   1. Jesus Cristo – Estudo e ensino
   2. Bíblia – Estudo e ensino
   I. Título
   II. Silva, Maurício B. S.

23-2074   CDD 232.7

Índices para catálogo sistemático:
1. Jesus Cristo – Estudo e ensino

Para

Patrick Michael e Irish Bible Institute
David deSilva e Ashland Theological Seminary
Wes Olmstead e Briercrest Schools
Coenie Burger e University of Stellenbosch
Gabe Lyons e Q Conference
Jerry Rushford e Pepperdine Bible Lectures
Chuck Conniry, Terry Dawson e George Fox University
David Shepherd e Belfast Bible College e Queens University Belfast
Meus alunos do quarto ano do seminário

Reafirmo as palavras de C. H. Dodd:

> O que se entende como pregar o evangelho?
>
> Várias vezes e em círculos diferentes, o evangelho tem sido identificado com um ou outro elemento do conjunto geral de ideias que geralmente é chamado de cristão; com a promessa de imortalidade, com uma teoria específica sobre a expiação, com a ideia da "paternidade de Deus e a irmandade entre os homens", e assim por diante.
>
> Espero que estas ideias, historicamente falando, tenham definido o significado do evangelho em seu nascedouro e durante o período do Novo Testamento. Nenhum cristão do primeiro século tinha dúvida alguma sobre ele, nem a respeito de sua importância para as necessidades humanas.[1]

E as de N. T. Wright:

> Estou bastante familiarizado com o que as pessoas querem dizer quando usam a palavra "evangelho". Só não acho que seja o que Paulo queria dizer com ela. Em outras palavras, estou longe de negar que os sentidos comuns atribuídos a essa palavra sejam coisas que as pessoas devam dizer, pregar ou até mesmo crer. Simplesmente não usaria a palavra "evangelho" para as identificar.[2]

---

[1] C. H. Dodd, *The Apostolic Preaching and Its Developments* (New York: Harper and Row, 1964), p. 76.

[2] N. T. Wright, *What Saint Paul Really Said: Was Paul of Tarsus the Real Founder of Christianity?* (Grand Rapids: Eerdmans, 1997), p. 41.

Sumário

Dedicatória 5
Prefácio de N. T. Wright 11
Prefácio de Dallas Willard 15
1971 19

1. A grande pergunta 27
2. Cultura do evangelho ou cultura da salvação? 35
3. Da narrativa à salvação 45
4. O evangelho apostólico de Paulo 63
5. Como a salvação tomou o lugar do evangelho? 93
6. Tem evangelho nos evangelhos? 117
7. Jesus e o evangelho 139
8. O evangelho de Pedro 169
9. Evangelizando nos dias de hoje 199
10. Criando uma cultura do evangelho 221

Apêndice 1 243
Apêndice 2 247
Apêndice 3 251
Palavras finais 265

PREFÁCIO DE N. T. WRIGHT[1]

PARTE DO QUE FAZ O cristianismo verdadeiro tão genial é que cada geração precisa fazer uma nova leitura dele. Justamente pelo fato de que (conforme os cristãos acreditam) Deus quer que cada cristão cresça tanto em entendimento como em confiança, a fé cristã nunca se constituiu em algo que uma geração possa entender a ponto de não deixar trabalho nenhum para seus sucessores. Do mesmo modo que acontece a um jovem que herda uma fortuna imensa, esse legado poderia simplesmente suscitar uma atitude extremamente preguiçosa. Tudo o que você teria a fazer seria consultar o livro, ou se lembrar como era quando seu pastor favorito costumava fazer isso, e isso seria o suficiente. Não haveria espaço para o caráter, nem para a maturidade humana, muito menos para a plena maturidade cristã.

Algumas versões do cristianismo ficam tentando em todo o tempo construir esse tipo de capital acumulado, mas não há como fazer isso. A fé cristã é caleidoscópica, mas a maioria das pessoas não consegue enxergar

---

[1] N. T. WRIGHT, University of St. Andrews, é professor-pesquisador de Novo Testamento e de Cristianismo Primitivo e ex-bispo de Durham.

nenhuma cor. É multidimensional, mas a maioria de nós consegue no máximo compreender duas dimensões de cada vez. É sinfônica, mas só conseguimos assobiar uma de suas linhas melódicas. Portanto, não é de se admirar que alguém surja e nos chame a atenção para outras cores e padrões que não tínhamos notado, nem devemos nos assustar se alguém traça uma terceira, ou uma quarta, ou até mesmo uma quinta dimensão que tínhamos ignorado. O nosso dever é nos mantermos receptivos se algum músico tocar novos arranjos para a música que achávamos conhecer.

Em outras palavras, sugiro que vejamos livros como este lançamento de Scot McKnight com bons olhos. Muitos de nós conhecemos Scot há anos como um dos especialistas mais hábeis e poderosos do cenário norte-americano — e, possivelmente, do cenário mundial. Desde longa data, Scot demonstra seu valor: ele conhece os textos de forma profunda e reflete sobre o seu sentido e interpretação de forma meticulosa e cuidadosa. Além disso, ele sempre manteve sua vida de oração em pleno vigor, estando sempre disposto a servir à Igreja, proclamar o evangelho e ajudar as pessoas a desenvolver e aprofundar a sua vida espiritual. Alguns professores, se afastando do seu próprio passado, gostam de ridicularizar ou emitir gracejos a respeito desses incultos e incivilizados que ainda se prendem a formatos superficiais da fé. Esse, porém, não é o caso de Scot. Quando ele questiona as formas do entendimento tradicional, é porque ele passou um tempo precioso refletindo sobre a Bíblia e a tradição cristã, e porque se encontra em uma posição privilegiada para nos contar onde temos transmitido somente um lado da história ou entendido de forma distorcida.

A revolução que Scot propõe é imensa — de proporções tão gigantescas que tenho minhas dúvidas se algum de seus colegas, entre os quais me incluo com certeza, concordam com todos os seus detalhes. Todos queremos dar um matiz diferente a alguns detalhes, ou ressaltar outras questões, ou ainda destacar outros ângulos. Isso é de se esperar. Entretanto, a tese abrangente que é explicada nesta obra, em paralelo com outras defesas parecidas que alguns de nós estamos tentando conduzir, é que o movimento que é rotulado há bastante tempo como "evangélico" na verdade seria melhor classificado como "salvacionista". Isto é, pensamos estar falando a respeito do "evangelho" quando na verdade nos concentramos na "salvação".

Nesse ponto se pode comentar: mas será que o evangelho não diz respeito à salvação? De modo correto, Scot responde que sim e que não ao mesmo tempo. Afinal de contas, por que os cristãos primitivos chamavam Mateus, Marcos, Lucas e João de "o evangelho" (eles não os viam como "Evangelhos", mas como um evangelho contado por quatro pessoas)? De acordo com Scot, com o qual também concordo, "o evangelho" consiste na história de Jesus de Nazaré, que é contada como o auge da longa história de Israel, a qual, por sua vez, se constitui na história sobre como o Deus único e verdadeiro está resgatando o mundo. De repente, os Evangelhos e o livro de Atos, que foram considerados por tanto tempo simplesmente como "os bastidores" em oposição ao "Evangelho", estão recebendo o seu devido valor. Não darei *spoiler* do livro explicando como ele funciona; basta dizer que existem várias cores e padrões novos, cheios de novas dimensões, e algumas melodias exclusivas (pelo menos para a maioria de nós, de qualquer modo), bem como harmonias novas e elaboradas.

Scot McKnight coloca o dedo em uma ferida do cristianismo contemporâneo, especialmente nos Estados Unidos. Para muitas pessoas, o "evangelho" foi encolhido para dar a entender somente uma declaração sobre a morte de Jesus e o seu sentido, além de uma oração com a qual as pessoas a aceitam. Essas coisas são importantes, do mesmo modo que as hélices são importantes para um helicóptero. Com efeito, não há como sair do chão sem elas. Entretanto, elas, por si mesmas, não bastam para que se fabrique um helicóptero. Do mesmo modo, as teorias microcósmicas a respeito da fé e da expiação não bastam, por si mesmas, para que tenhamos uma visão completa do "evangelho".

Certa vez, há muito tempo, ouvi John Stott dizer que algumas pessoas estavam falando a respeito do "evangelho mínimo e irredutível". Ele descartou essa ideia e perguntou: "Quem vai querer saber de um evangelho mínimo e irredutível? Prefiro o evangelho pleno e bíblico!". Então, aguentem firmes, porque é exatamente isso que Scot McKnight apresenta a vocês neste livro. Conforme já disse, em uma parte ou outra encontraremos alguma coisa sobre a qual não vamos concordar. No entanto, todos nós precisamos urgentemente dar uma chance para que essa visão profundamente bíblica do "evangelho" venha a questionar as visões que cultivamos há muito tempo que não refletem o pensamento da Bíblia como um todo, ao redor das quais construímos boa parte da vida e da prática da Igreja. Este livro tem o potencial de ser um modo pelo qual Deus leve a nova geração de cristãos a assumir a responsabilidade de repensar as coisas, olhar em retrospecto para o mundo amplo do evangelho pleno do primeiro século para depois avaliar as oportunidades para o evangelho no mundo igualmente amplo do século 21.

Prefácio de Dallas Willard[1]

NA RAIZ DE MUITOS PROBLEMAS que perturbam a "igreja visível" na atualidade existe uma fonte simples: a mensagem que é pregada. Observe primeiramente que não existe uma mensagem única na atualidade, mas três ou quatro mensagens proeminentes. Além disso, elas se opõem e coincidem de várias maneiras. Para quem olha de fora, bem como para o membro dedicado da igreja, trata-se de uma cena confusa, que não consegue despertar uma resposta coerente da pessoa como um todo em toda a sua vida, ou dos grupos eclesiásticos que tentam servir a Cristo de forma eficaz e verdadeira no mundo contemporâneo. Em segundo lugar, por causa dessa confusão, o que se ouve geralmente como a mensagem acaba não levando o ouvinte que tenta obedecê-la a uma vida de *discipulado* de Jesus Cristo. Em consequência disso, a transformação pessoal e social que se espera de forma tão clara no que os autores bíblicos escreveram e que se acha tão claramente presente nas pessoas reconhecidamente "notáveis" do Caminho raramente acontece. Somente uma vida de

---

[1] Dallas Willard é professor da University of Southern California's School of Philosophy. Autor dos livros *A conspiração divina* e *O Espírito das disciplinas*.

discipulado inteligente pode atender a essa expectativa. Sem isso, temos um "cristianismo" nominal gigantesco.

Isso nos leva a perguntar: "Qual foi a mensagem que abalou o mundo antigo em sua resposta a Cristo e a seus apóstolos?". E qual foi a mensagem que, em várias ocasiões posteriores, levou as pessoas a viverem uma vida que claramente "não era deste mundo", e até mesmo moldou grupos importantes do mundo no caráter e no poder de Cristo? Será que é possível identificá-la e vivê-la nos dias de hoje?

Essa pergunta gera uma resposta afirmativa. Podemos na atualidade ministrar o ensino de Cristo da maneira que Ele ensinou, e com certeza foi isso que Ele comissionou seus discípulos a fazer através dos séculos. É justamente o que Ele, com sua presença entre eles, os capacitou a fazer com um efeito impactante. O resultado é que aqueles que ingressam na vida que Ele agora vive na terra, conforme o apóstolo escreve, resplandecerão "como luzeiros no mundo" (Filipenses 2:15). Nada além disso trará esse resultado, se é que desejamos alcançar o mundo para Cristo em nossa geração.

Scot McKnight apresenta neste livro com grande força e clareza o evangelho da Bíblia e do Jesus Rei e Salvador. Ele faz isso com base em um entendimento bíblico profundo e com uma observação útil da história e dos equívocos contemporâneos que produzem evangelhos que naturalmente não produzem *discípulos*, mas somente *consumidores* de bens e serviços religiosos. No seu decorrer, ele aborda a barreira principal para o poder do evangelho de Jesus hoje em dia — isto é, uma visão a respeito da salvação e da graça que é totalmente desvinculada do discipulado e da transformação espiritual. Trata-se de uma visão sobre a graça e a salvação que supostamente prepara a pessoa para a morte, mas o deixa despreparado para viver atualmente na graça e no poder da vida da ressurreição.

De fato, o evangelho do Rei Jesus e do seu reino no presente consiste no "poder de Deus que traz salvação/livramento". Para provar isso, basta pregar, ensinar e manifestar as boas-novas de vida agora, para você e para todos, no reino dos céus juntamente com Jesus, por toda a vida. Estude os Evangelhos e veja como Jesus fez isso, e depois faça exatamente igual. Você não precisa de nenhuma programação, nem de nenhum orçamento, muito menos de qualificações especiais para fazê-lo. Basta entender de modo bíblico e praticar. Enfim, Scot McKnight lhe dará todas as orientações para isso.

1971

ESTÁVAMOS NO ANO DE 1971. Eu tinha dezessete anos e era um aluno do último ano do Ensino Médio pronto para começar a ter uma experiência de fé completamente nova. Tinha bastante zelo pelo evangelismo, mas não tinha a mínima ideia de como evangelizar, exceto que deveria contar a meus amigos sobre coisas de que gostava muito — Deus, Jesus, a Bíblia, a salvação e o arrebatamento.

A minha igreja tinha um projeto de evangelização; eu havia frequentado todas as aulas de "Evangelismo Explosivo" e agora estava acompanhado de um diácono importante da nossa igreja batista para a nossa primeira noite de "contato" com as pessoas para que pudéssemos apresentar o evangelho para elas. Eu e o diácono batemos na primeira porta. Por trás dela estava um homem cujo nome sabíamos porque ele tinha visitado a igreja e inocentemente preencheu um cartão de visitante. O homem veio à porta e nos cumprimentou, mas ficou claro pelo seu rosto sujo de comida e do guardanapo que estava na sua mão que ele e a sua família estavam jantando e assistindo à televisão.

O diácono não estava disposto a permitir que essas questões mundanas o detivessem enquanto a eternidade deste homem estivesse ameaçada. Ele era hábil o suficiente para entrar naquela casa, e lá ficamos sentados por cerca de uma hora enquanto a família terminava o jantar, limpava a mesa, lavava os pratos e depois voltava cada um para o seu quarto, deixando o pai de família conosco. A minha parte, já que eu não passava de um novato nervoso, era orar e ficar quieto, a menos que tivesse algo bem importante a dizer. Cumpri a primeira tarefa (orar) e evitei a segunda (ter algo importante a dizer). Com o passar do tempo, duas coisas ficaram bem claras: a primeira (segundo a minha estimativa de iniciante) é que o homem não tinha o menor interesse em ser salvo, e a segunda é que o diácono tinha toda a certeza de que o homem estava interessado, e estava disposto a aplicar todas as técnicas de persuasão que tinha aprendido. O diácono acabou vencendo porque o homem de algum modo "decidiu aceitar a Cristo", nós oramos por ele e depois voltamos para a igreja onde todos estavam reunidos. Quando contamos que uma pessoa tinha sido salva, todos disseram: "Glória a Deus!".

Com certeza tínhamos alcançado o nosso objetivo, mas eu tinha plena certeza dentro do meu coração de que aquele homem não quis realmente aceitar Jesus. Ele também acabou alcançando o seu objetivo de nos dispensar da melhor maneira. Nunca mais o vi em nossa igreja, mas reconheci seu rosto uma vez em nosso bairro. Quis pedir desculpas pela palestra que lhe demos a respeito do evangelho, mas não tinha noção de como fazer isso uma vez que eu acreditava ser legítimo o que fizemos.

Por causa desse incidente em particular, desde aquela época mantive certa restrição quanto a estratégias evangelísticas, não porque não me considere um evangelista, mas simplesmente porque acredito que estamos nos concentrando na coisa errada. A maior parte do evangelismo atual está obcecado em fazer com que alguém tome uma *decisão*; os apóstolos, no entanto, estavam interessados profundamente em fazer *discípulos*. Essas duas palavras — decisão e discípulos — permeiam todo este livro.

O evangelismo que é afoito para alcançar decisões atrapalha e — estou certo de que essa palavra é adequada — frustra o propósito do evangelho, enquanto o evangelismo que visa ao discipulado proporciona tempo suficiente para que se ofereça o evangelho pleno de Jesus e dos apóstolos.

A minha experiência foi confirmada pelos meus alunos que estão praticamente com a mesma idade que eu tinha quando eu comecei a refletir a respeito do evangelismo e do evangelho. Nos primeiros capítulos deste livro, algumas observações a respeito do evangelho aparecem em linhas gerais. Os anos que ensinei o evangelho nas minhas aulas na North Park University me levaram a duas observações que me ajudaram a formular este livro: em primeiro lugar, praticamente todos os meus alunos cristãos me dizem que o evangelho sobre o qual ouviram falar enquanto cresciam falava principalmente sobre o pecado deles, a morte de Jesus e sobre como ir ao céu. Porém, em segundo lugar, esses mesmos alunos me disseram várias vezes que eles sabiam que algo estava errado com essa abordagem; o evangelho de Jesus exige mais de nós do que uma única decisão para que nossos pecados sejam purificados a fim de que possamos estar seguros até chegar no céu. Essa experiência que eu tive com o "Evangelismo Explosivo" exemplifica como podemos ficar obcecados em levar pessoas a tomar uma decisão. Se reservarmos tempo suficiente para analisar essa questão, encontraremos uma abordagem diferente que é bem mais produtiva do que essa.

Se não separarmos tempo suficiente para refletirmos sobre essa obsessão com relação à decisão, descobriremos o que tem acontecido, o que está acontecendo, e o que continuará a acontecer se não implementarmos mudanças radicais. Tenho ouvido falar a respeito de números que apontam que 75 por cento dos norte-americanos fizeram algum tipo de decisão

Fui ensinado que Deus me amava e enviou Jesus para morrer pelos meus pecados. Fui ensinado também que esse problema já havia sido resolvido. Tudo isso parecia bem fácil porque a reação que se esperava de mim parecia ser basicamente cognitiva.

Parece, portanto, que essa cultura de pessoas confessando Cristo como Senhor sem que isso faça alguma diferença em sua vida se estabeleceu de modo bem abrangente. Não tenho certeza do que veio primeiro: o ovo ou a galinha. Ou esses versículos [Romanos 6:23 e João 3:16] passaram a ser vistos como o evangelho na sua totalidade, e essa base acabou não tendo um impacto na vida das pessoas, ou as pessoas decidiram não assumir a vida difícil de serem redimidos enquanto vivem neste mundo e procuraram versículos que definissem o evangelho como algo que só se relaciona com questões eternas.

"Darren" — um aluno.[1]

---

[1] Os comentários paralelos vêm de meus alunos. Os nomes foram alterados, mas eles deram-me permissão para utilizar as suas palavras.

sobre aceitar a Cristo, mas as estatísticas também mostram que somente cerca de 25 por cento deles vão à igreja com frequência.[1] Ninguém se aventuraria a sugerir que a frequência a uma igreja se constitui em uma medida perfeita do discipulado, mas também ninguém negaria que pelo menos isso serve como um índice básico.

Tive recentemente uma conversa com David Kinnaman do Barna Group, uma organização que se especializa nos estudos estatísticos sobre os norte-americanos e a sua fé. Qualquer pessoa que apresente estatísticas a respeito da fé parece estar pedindo para entrar em uma briga, mas os estudos em geral — os quais gosto muito de ler — demonstram que a correlação entre tomar uma decisão e se tornar um seguidor maduro de Jesus Cristo não é muito próxima. Os números aproximados são os seguintes: entre os adolescentes (da idade entre 13 e 17 anos), quase 60 por cento da população em geral faz alguma espécie de "compromisso com Jesus" — isto é, tomam alguma "decisão". Esse número muda para um pouco acima de 80 por cento entre os protestantes tradicionais e (pasmem!) chega perto de 90 por cento entre os protestantes que não pertencem aos grupos mais tradicionais, um grupo que se concentra mais nos evangélicos. De igual modo, seis entre dez adolescentes católicos relatam que fizeram algum "compromisso com Jesus".

Quando olhamos para o gráfico de pizza, entretanto, a maioria dos norte-americanos "toma uma decisão" por Cristo. Porém, quando quantificamos o discipulado entre os jovens (de 18 a 25 anos), encontramos uma

---

[1] Veja o relatório em http://ns.umich.edu/htdocs/releases/story.php?id=8155, que aborda a frequência às igrejas a partir do ângulo sobre se os cristãos norte-americanos falam a verdade a respeito de ir à igreja.

mudança dramática (e, francamente, desanimadora) nesses números. O instituto Barna Group possui alguns critérios para definir o "discipulado", inclusive o chamado de "fé revolucionária", "cosmovisão cristã" e "fé como a mais alta prioridade de vida". Levemos em conta a "fé revolucionária", que resolve coisas como o sentido da vida, a autoidentificação de alguém como cristão, a leitura bíblica e a oração, bem como as questões sobre como a fé tem transformado ou está transformando sua vida. Esses quase 60 por cento passam a ser cerca de 6 por cento, e aqueles mais ou menos 80 por cento de protestantes passam ser menos que 20 por cento, e aqueles quase 90 por cento de protestantes livres se tornam cerca de 20 por cento.[2]

Nas estimativas mais modestas, *perdemos pelo menos 50 por cento daqueles que se decidem por Cristo*. Não dá para deixar de concluir que essa decisão não se constitui em um elemento fundamental que leva a uma vida de discipulado. Pode-se estabelecer correlações mais profundas entre a participação frequente na Escola Dominical, a participação no grupo de jovens, e famílias que cultivam a fé nessas pessoas.[3] Nosso destaque em fazer os jovens tomarem decisões, isto é, "aceitarem a Jesus Cristo em seu coração", parece distorcer a formação espiritual.

Passarei a dizer isso de modo mais enfático: Minha proposta é que existe uma diferença mínima na correlação entre as crianças *evangélicas*[4] e

---

[2] Trata-se da correspondência pessoal e da comunicação com David Kinnaman; as estatísticas que ele me enviou tinham a data de 17 de dezembro de 2010.

[3] Quanto a este assunto, veja Kenda Creasy Dean, *Almost Christian: What the Faith of American Teenagers Is Telling the American Church* (New York: Oxford, 2010).

[4] A definição da palavra "evangélico" tem o seu próprio histórico de controvérsias, e eu concordo com Mark Noll e David Bebbington. Uma versão excelente disso pode ser vista agora na obra de Timothy Larsen, "Defining and Locating

os adolescentes que tomam uma decisão por Cristo e que depois se tornam discípulos verdadeiros e os *católicos* que são batizados quando são crianças e se tornam discípulos católicos fiéis e devotos na idade adulta. Estou plenamente consciente da gravidade dessa acusação, já que se dirige a nós que temos há anos defendido que somos salvos enquanto os católicos não são (ou podem não ser), mas busco demonstrar esse fato. Não tenho certeza de que o nosso sistema funciona de forma mais eficaz do que o deles. Ficaria feliz em estar errado, mas meu equívoco quanto a isso não altera os desafios centrais deste livro.

E tem mais: a ênfase em eventos de jovens, retiros e programações para convencer as pessoas a tomarem decisões desarma o evangelho, distorce os números e diminui a importância do discipulado. Quando mencionei essa parte do meu livro para alguns alunos recentemente, toda a sala se encheu de um senso de "aprovação". Alguns deles abraçaram a fé no calor do momento de um evento elaborado para a decisão, com poucas luzes, música apelativa, mas também afirmaram que muitos de seus amigos fizeram a mesma coisa — e agora essas pessoas vivem sem nenhum compromisso com Jesus. Um aluno disse o seguinte: "Fico pensando o que é que mantém a fé das pessoas".

Evangelicalism", em *The Cambridge Companion to Evangelical Theology* (ed. T. Larsen e D. J. Treier; Cambridge: Cambridge Univ. Press, 2007), p. 1, que apresenta cinco considerações. De forma resumida, o evangélico nada mais é que um protestante ortodoxo que faz parte de uma rede global que surgiu nos avivamentos do século 18, que deu à Bíblia um lugar proeminente nas questões de fé e prática, que destaca a reconciliação com Deus mediante a obra expiatória da cruz, e que também se concentra na obra do Espírito Santo para converter, restaurar, capacitar, e levar a missões. Veja também M. Noll, "What Is an Evangelical?" em *The Oxford Handbook of Evangelical Theology* (ed. G. R. McDermott; New York: Oxford Univ. Press, 2010), p. 19-32.

Retornarei a esses temas por todo o livro, mas por enquanto gostaria de voltar para a minha história. Por causa da minha experiência com o "Evangelismo Explosivo" e o seu resultado em meu próprio pensamento, desenvolvi uma postura cética com relação ao evangelismo. Ela foi se enraizando enquanto fiz a faculdade, o seminário e o doutorado. Comecei a prestar a máxima atenção no vínculo entre o *evangelho*, a *evangelização* e a *salvação* e os nossos *métodos de persuasão*, que (às vezes de forma vergonhosa) beiram à astúcia e à manipulação. Tenho certeza de que existe algo profundamente errado com relação ao nosso evangelismo, portanto desenvolvi no decorrer das décadas um ouvido sensível para todas as pessoas que refletem sobre essa questão.

No início de minha carreira como professor no seminário, me esforcei bastante para aliar o "discipulado" ao "evangelismo" ou ao "evangelho", mas nunca consegui encontrar um lugar feliz que conciliasse os estudos bíblicos com a necessidade de evangelizar. Depois de mais de uma década dando aulas no seminário, me mudei para uma faculdade e, para minha surpresa, descobri que minhas aulas motivavam o desenvolvimento da fé para o discipulado, e levavam até mesmo a algumas conversões de uma maneira que nunca havia imaginado. Essa experiência em sala de aula me levou a buscar entender de forma mais profunda a definição tanto do *evangelho* como do *evangelismo* — e, quem sabe de forma mais importante, a como praticar o evangelismo a fim de levar as pessoas além de uma decisão momentânea para uma vida de discipulado.

Tudo isso exige, entretanto, uma resposta para uma pergunta muito importante.

1

A GRANDE PERGUNTA

ESTE LIVRO FAZ A PERGUNTA mais importante — ou pelo menos uma das mais importantes — que podemos fazer nos dias de hoje. Neste livro quero propor que todos nós precisamos fazê-la porque nos afastamos das páginas da Bíblia na direção de uma resposta que não é tão bíblica assim. Na verdade, existe tanto uma insatisfação generalizada com o estado que nos encontramos como um anseio bem comum por uma abordagem mais bíblica dessa questão, tanto que esse anelo e essa inquietação se manifestam ultimamente em uma discussão acalorada e crescente a respeito disso. Um dos meus amigos diz que a Igreja está "envolvida em uma neblina" com relação ao assunto, e outro escritor diz que existe "uma névoa de confusão" ao seu redor.

A pergunta é a seguinte:
O que é o evangelho?

O evangelho

Tenho uma surpresa para você. Pode ser que você ache que a palavra evangelho, uma palavra utilizada no mundo antigo para declarar boas-novas sobre algum acontecimento (como um casamento, por exemplo), mas que hoje é usada para a nossa mensagem cristã, seja o assunto sobre o qual conhecemos *mais*. Ou mesmo que é a única coisa sobre a qual não pairam dúvidas sérias. Também pode achar que o evangelho seja a coisa mais simples, enquanto há controvérsias sobre tudo o mais — como a política, a escatologia, a teoria da expiação e a questão da pobreza. Essas questões precisam ser debatidas, porém realmente não podemos debatê-las de maneira cristã até que resolvamos a questão relativa ao evangelho. Acho que não entendemos bem o evangelho, ou, pelo menos, o nosso entendimento atual se limita a um reflexo pálido do evangelho de Jesus e dos apóstolos. Precisamos recorrer à Bíblia a fim de encontrarmos o evangelho original.

Ao estudarmos o que o Novo Testamento realmente diz, acho que você concordará comigo que a pergunta que acabei de fazer se constitui na pergunta mais importante que precisamos fazer nos dias de hoje, e espero que concorde que a nossa resposta atual não possui respaldo suficiente na Bíblia. Também espero que você enxergue alguma sabedoria bíblica em minha proposta. Quero animar você a pegar um pedaço de papel agora mesmo ou escrever no verso das capas deste livro sua resposta a essa pergunta mais importante: O que é o evangelho?

Três absurdos

Os três absurdos a seguir exemplificam as razões pelas quais acho que nos perdemos e precisamos voltar para a Bíblia para fazer essa mesma pergunta novamente — como se fosse a primeira vez, como se estivéssemos presentes na Galileia escutando o que Jesus disse, ou como se fôssemos os primeiros ouvintes do evangelho dos apóstolos em alguma igreja doméstica no frenético e turbulento Império Romano. Nesse resgate, acredito que ficaremos chocados com o que encontraremos, e essas três evidências mostram o motivo pelo qual isso acontecerá.

Primeiro absurdo

Recebi um e-mail de um leitor com a seguinte pergunta: "Eu sei que o senhor provavelmente está bem ocupado, mas, se tiver tempo, tenho uma pergunta a respeito do evangelho. Notei que os escritores dos Evangelhos geralmente incluem em seu evangelho o anúncio de que Jesus é o Messias. A minha pergunta é a seguinte: 'Qual é a novidade com relação ao fato de que Jesus é o Messias, o descendente de Davi?'... Obrigado pela atenção!". Li essa carta três vezes e balancei a cabeça por não acreditar no que vi, e fiz isso porque fico imaginando como chegamos ao ponto em que não conseguimos enxergar o que o fato de Jesus ser o Messias tem a ver com o evangelho. Entretanto, a pessoa que mandou esse e-mail não é a única a ter essa dúvida.

Primeira resposta: *Para a pessoa que escreveu esse e-mail, a palavra evangelho praticamente só dizia respeito à salvação pessoal. Isso indica que não faz mais parte do evangelho a promessa a Israel de que Jesus é o Messias. Mas não sejamos severos com essa pessoa. Quem sabe a maioria dos cristãos na atualidade não consegue enxergar o vínculo entre o evangelho e o fato de Jesus ser o Messias.*

Segundo absurdo

John Piper, um dos pastores e escritores mais influentes dos Estados Unidos — merecidamente, diga-se de passagem —, em uma grande conferência em abril de 2010, fez a seguinte pergunta: "Será que Jesus pregou o evangelho de Paulo?". Para responder isso, ele analisou a parábola do fariseu e do publicano no capítulo 18 de Lucas, em que encontramos um dos poucos usos da palavra *justificado* nos Evangelhos. Então John Piper concluiu que Jesus pregou de fato o evangelho de Paulo sobre a justificação pela fé. Até defendo que Piper fez uma pergunta adequada, e também concordo que os princípios da justificação pela fé se encontram nesta parábola de Jesus. Entretanto, será que é realmente justo perguntar se Jesus pregou um evangelho semelhante ao de Paulo?

Para começar, no entanto... existe um problema de ordem e até mesmo de precedência: Será que a pergunta se Paulo pregou o evangelho de Cristo não seria mais importante? Além disso, existe outro problema: a premissa de Piper de que a justificação equivale ao evangelho. A turma calvinista nos EUA — e Piper é o maior influenciador do ressurgimento do pensamento calvinista entre os evangélicos — definiu o evangelho na fórmula curta "justificação pela fé". Entretanto, temos que perguntar se os apóstolos definiram o evangelho desta maneira. Ou, melhor ainda, quando eles pregaram o evangelho, o que foi que eles disseram? Responderemos essas perguntas nas páginas seguintes.

Segunda resposta: Quando dificilmente conseguimos encontrar quaisquer exemplos de nossa categoria teológica em todos os quatro Evangelhos, precisamos tomar cuidado com nossas próprias interpretações e com a importância de nossas interpretações e de nossas preferências teológicas.

Terceiro absurdo

Em um aeroporto, deparei-me com um conhecido que era pastor, e ele me apresentou uma versão mais extrema do que vi no segundo absurdo. Ele me perguntou sobre o que estava escrevendo, e eu respondi: "Um livro sobre o sentido do evangelho".

Ele disse: "Ah, isso é fácil! O evangelho é a justificação pela fé". Depois de ouvir essa resposta sair de forma tão fácil e rápida, decidi perguntar mais a respeito, então eu lhe fiz a pergunta de Piper: "Jesus pregou o evangelho?".

Sua resposta me fez engolir em seco. Ele disse: "Não, Jesus não podia fazer isso. Ninguém entendeu o evangelho até Paulo. Ninguém poderia entender o evangelho até depois da cruz, da ressurreição e do dia de Pentecostes".

Perguntei a ele: "Nem mesmo Jesus?".

Ao que ele afirmou: "Não. Ele não tinha como fazer isso". Tive vontade de acrescentar uma fala irônica que costumo utilizar: "Pobre Jesus, nascido do lado errado da cruz, nem chegou a pregar o evangelho". Essa minha sátira, por que não dizer sarcasmo, não ajudaria em nada, então fiquei de boca fechada. Mas já ouvi outras pessoas fazerem declarações parecidas a respeito de Jesus, de Paulo e do evangelho, e este livro trará uma refutação completa dessa ideia.

Terceira resposta: *Para este pastor, a palavra evangelho significa "justificação pela fé", e, já que Jesus não falou de fato nesses termos, ele simplesmente nunca pregou o evangelho. Poucos admitirão isso de forma tão tosca como esse pregador, mas fico feliz que alguns tenham essa ousadia. Essa visão incorre em erro e segue uma mentalidade equivocada.*

Tenho que admitir que essas palavras são duras.

Cada um desses três exemplos — o da pessoa que escreveu o e-mail e que não conseguia entender por que cargas d'água as palavras "Messias" e "evangelho" tinham algum vínculo e o dos dois pastores que acreditam que a "justificação pela fé" se constituem em uma coisa só (um pensando que Jesus pregou isso e o outro achando que Jesus não pregou nem podia pregar algo assim) — exemplificam minha grande preocupação. Acredito que a palavra "evangelho" foi desvirtuada por causa daquilo que acreditamos a respeito da "salvação pessoal", e o próprio evangelho foi remodelado para facilitar que "decisões" sejam tomadas. O resultado desse sequestro é que a palavra "evangelho "não indica mais em nosso mundo o que significava tanto para Jesus como para os apóstolos.

Sei que essa é uma declaração incomum, e sei que alguns pensarão que minha afirmação é bizarra, então peço que tenha paciência o bastante para me ouvir. Acredito que estejamos enganados, e esse erro está criando problemas que até buscamos resolver. Mas, enquanto persistirmos nesse erro, nunca poderemos resolver esses problemas. Não há como tentar melhorar a mecânica do sistema porque o problema não está nela. O problema é que o sistema está obtendo este resultado porque está sendo motivado por um evangelho deformado.

Enquanto almoçava com um pastor bem conhecido nos Estados Unidos, eu toquei no assunto do propósito deste livro. Veja o que ele me disse: "Scot, precisamos deste livro. A razão pela qual precisamos dele é que as pessoas estão confusas. E não somente isso: elas nem sabem que se encontram nesse estado!".

Pedi maiores detalhes porque ele também parecia observar a "neblina" que os outros estão vendo. A ideia geral do que ele disse é a seguinte: "Para a maioria dos cristãos norte-americanos, o evangelho trata de obter perdão

Uma breve recapitulação do evangelho que recebi: a premissa básica das quatro leis espirituais, justificação somente pela fé, além de alguma culpa se não fizer as obras "opcionais" em complemento à fé, e o bônus de "provavelmente não ter recebido esse evangelho" se não acreditar em uma criação de seis dias... Embora o evangelho com o qual cresci consistisse basicamente de "gestão do pecado", o evangelho que Paulo está descrevendo [no capítulo 15 de 1Coríntios] nada mais é que uma solução para o "pecado" para "vencer" o maior problema ou inimigo, que é a "morte".

GARY – um aluno.

para os meus pecados para que possa ir ao céu quando morrer". Depois ele disse ainda mais: "Nunca esquecerei meu encontro com o que Dallas Willard classificou como 'o evangelho da gestão do pecado'. Quando eu li o que Dallas escreveu, sabia que ele estava certo. Se algum evangelho não fala de transformação, não tem nada a ver com o evangelho da Bíblia. Precisamos de um livro que nos diga em termos claros no que consiste o evangelho do Novo Testamento". Esse pastor está certo. Espero que este livro o ajude e outras pessoas como ele.

O nosso maior problema é que estamos inseridos em toda uma cultura que é moldada por um equívoco com relação ao evangelho. Esse suposto evangelho está desconstruindo a Igreja.

2

Cultura do evangelho ou cultura da salvação?

O EVANGELICALISMO É UM DOM para a Igreja e para o mundo.

Uma das ideias mais preciosas do evangelicalismo, a qual eu prezo muito, é que cada pessoa tem que nascer de novo ou ser salva. Essa convicção se baseia em praticamente todas as páginas dos Evangelhos, pode ser encontrada em cada uma das pregações do livro de Atos, ecoa nos bastidores e nas páginas das cartas apostólicas. A fé pessoal tanto é necessária como inegociável. O evangelho não funciona para simples espectadores; é necessário participar dele para que o seu poder entre em ação.

A premissa abrangente de que as instituições eclesiásticas podem batizar crianças e depois catequizar automaticamente esses bebês na fé um pouco antes da adolescência ou durante ela tem sido questionada pelo compromisso firme do evangelicalismo de que é necessário que tome uma decisão pessoal sobre Jesus Cristo. Brad Nassif, que é um dos meus amigos mais próximos, é um teólogo ortodoxo oriental. Ele me tem dito várias vezes que em sua tradição as pessoas frequentemente têm sido "sacramentalizadas", mas não "evangelizadas". Isto é, elas passam pelo batismo e até mesmo chegam a frequentar a igreja, mas podem não ter firmado um compromisso pessoal com Jesus Cristo.

Teologicamente, Nassif acredita que a Igreja Ortodoxa permaneceu fiel ao evangelho com o passar dos séculos e que o chamado à conversão se acha presente dentro dela. Entretanto, ele também está certo de que, como em outras tradições históricas, o "nominalismo" tomou conta da igreja. Portanto, para Brad, a necessidade mais urgente no mundo ortodoxo atual consiste em uma missão interna agressiva de (re)converter as pessoas, e até mesmo alguns membros do clero, para uma fé pessoal em Jesus Cristo. O número de convertidos das principais tradições litúrgicas, como a Igreja Ortodoxa e a Igreja Católica, ao evangelicalismo confirma o que Brad diz. O processo sacramental não basta; é imperativo que se faça um chamado para a fé pessoal, e esse tem sido o destaque do evangelicalismo.

O evangelicalismo pode até ser um dom para a Igreja e para o mundo, mas está longe de ser perfeito.

Ele é conhecido por pelo menos duas palavras: evangelho e salvação (pessoal). Por trás da palavra evangelho se encontra a palavra grega *euangelion* e a palavra inglesa *evangel*, de onde obtemos as palavras evangelicalismo e evangelismo. Passando para a segunda palavra, na origem da palavra *salvação* se encontra a palavra grega *soteria*. A propósito, quero fazer agora uma acusação incômoda. Este livro afirma com veemência que nós, evangélicos (como um todo), não somos de fato "evangélicos" no sentido do evangelho apostólico, mas, em vez disso, somos *soterianos*. É por isso que eu digo que somos mais soterianos do que evangélicos: nós, evangélicos (de modo equivocado), igualamos a palavra *evangelho* com a palavra *salvação*. Por causa disso, somos, na verdade, "salvacionistas". Quando nós, evangélicos, vemos a palavra evangelho, o nosso instinto nos leva a pensar na palavra "salvação" (pessoal). A nossa própria formação nos leva a isso. Entretanto, essas duas palavras não significam a mesma coisa, e este livro fará o máximo para mostrar a diferença entre elas.

A ironia nisso tudo consiste no seguinte fato óbvio: a palavra que usamos para nos identificar (evangelho/*euangelion*) não nos define, enquanto a palavra que realmente nos define (*soteria* ou "salvação") não é utilizada para nos caracterizar. Devíamos ser chamados de *soterianos* (pessoas que são salvas) em vez de evangélicos. O meu apelo é no sentido de que retornemos ao Novo Testamento para redescobrir o caráter do evangelho de Jesus e que, ao adotá-lo, passemos a ser verdadeiramente evangélicos. A minha oração é para que este livro produza um reavivamento que leve os evangélicos a deixarem de ser soterianos para se tornarem evangélicos de verdade. O que sucede é que criamos uma "cultura de salvação" e partimos do princípio equivocado de que se trata de uma "cultura do evangelho".

Uma cultura da salvação

A nossa ênfase no chamado à fé pessoal gerou uma "cultura da salvação", uma cultura que tem o seu destaque e mede as pessoas com base na possibilidade de dar testemunho de uma experiência de salvação pessoal. A nossa cultura da salvação tende a fazer a seguinte pergunta de duplo sentido: "Quem está dentro e quem está fora?". Ou, de forma mais pessoal: "Você faz parte do nosso grupo ou não?". A cultura evangélica prioriza a experiência da salvação pessoal como o fator decisivo para a sua criação. Talvez a coisa mais importante que posso dizer a respeito da proposta deste livro se resume aos seguintes fatos:

- Cultura de salvação e cultura do evangelho não são a mesma coisa.
- Quando achamos que a nossa cultura da salvação é idêntica à cultura do evangelho, revelamos um profundo desconhecimento do significado do evangelho e do sentido potencial da cultura do evangelho para o mundo atual.
- Precisamos voltar à Bíblia para descobrir a cultura do evangelho novamente e fazer essa cultura tomar um lugar central na Igreja.

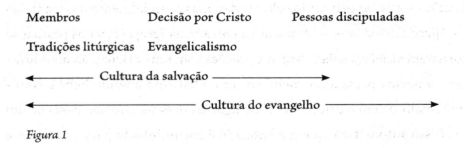

Figura 1

Quem sabe a Figura 1 acima esclareça essas questões. A ideia geral é a seguinte: as culturas de salvação, que incluem a Igreja Católica, a Igreja Ortodoxa e a Comunhão Anglicana, mas não se limitam a elas, têm tido dificuldades para fazer com que os membros sejam discipulados. Elas

Cultura do evangelho ou cultura da salvação? 39

continuarão vivendo essa situação até que entendam claramente o evangelho e exijam uma salvação pessoal. Alguns evangélicos fazem parte dessas tradições litúrgicas, mas quero simplificar um pouco a questão, até mesmo de forma exagerada, para destacar o movimento evangélico no seu enfoque na decisão pessoal. O evangelicalismo, seja participando das tradições litúrgicas mais amplas, seja separado delas, busca levar os membros para o grupo dos que se decidem por Cristo, por causa do seu foco na decisão e na salvação pessoais. Entretanto, os evangélicos possuem a mesma dificuldade em levar quem tomou essa decisão a se tornar discípulo, porque eles criaram uma cultura da salvação (que às vezes assume ares presunçosos), na qual a obsessão é tomar a decisão certa para cruzar a fronteira do grupo dos não salvos para os salvos (as pessoas que se decidem). No entanto, uma cultura do evangelho abrange tudo isso e leva os membros ao discipulado porque equilibra o exagero com relação à decisão por Cristo com o discipulado.

Explicarei agora de forma um pouco mais completa: todas as tradições cristãs — e estou pensando sobre todas, mas especialmente nas tradições católicas e ortodoxas — destacam a entrada na Igreja (fazer as pessoas se tornarem *membros* dela). Para as tradições com uma orientação mais litúrgica, a pessoa passa a ser membro com o batismo quando bebê e continua sendo-o com o catecismo. Para algumas pessoas, isso não passa de um processo automático: quem é batizado é encaminhado para a catequese para fazer parte do rol de membros. Não faz muito tempo que, em uma de minhas aulas, perguntei a um dos meus alunos católicos se sabiam de algum jovem que tivesse sido impedido de se tornar "membro" da Igreja. Ele imediatamente respondeu que nunca viu isso acontecer. A transformação da conversão em um processo automático — e eu estou fazendo o

No fundo, tenho que dizer que fui criado no evangelho do medo... Enquanto ia crescendo, me passaram as seguintes ideias básicas:

Você é pecador.

Precisamos estar com Jesus.

Assim Ele nos livrará do inferno...

Sempre falávamos sobre o quanto éramos pecadores e sobre o quanto estávamos nos afastando de Deus e que precisávamos buscá-lo antes que Ele "tivesse" de nos mandar para o inferno.

"CRAIG" – um aluno.

máximo para ser isento e honesto ao dizer isso — é desastrosa para a vitalidade da fé e para a vida na Igreja. Esse tipo de evangelho pode desconstruir a igreja local, e eu apontaria essa questão como uma das origens, se não for a única, do fracasso da Igreja nas culturas europeias.

Esse processo sacramental é totalmente diferente do que acontece com muitos protestantes, entre os quais, especialmente entre os membros das igrejas evangélicas, a salvação só acontece se a criança, ou o adolescente, ou o adulto faz uma profissão de fé (mais) pessoal. Portanto, a tradição evangélica quer dar um segundo passo. Esse passo é ser um daqueles que tomam uma decisão por Cristo. Apesar das diferenças óbvias e dramáticas nesse ponto entre as tradições litúrgicas e as tradições evangélicas, as duas possuem um problema parecido. Tem sido, é e sempre será extremamente difícil para as culturas da salvação levar os membros ou aqueles que tomaram uma decisão por Cristo para a terceira categoria: as pessoas discipuladas. Minha proposta é que temos que criar uma cultura do evangelho se quisermos que os membros sejam discipulados, e isso quer dizer que o exemplo que passarei a compartilhar de um pastor tendo dificuldades para entender a plenitude do evangelho equivale ao paradigma que temos que desconstruir e reformar.

A história do pastor Eric

O pastor Eric sabe perfeitamente a importância da pregação do evangelho. Portanto, ele começa com uma definição clara, que é a expressão perfeita do evangelho da cultura da salvação: "O evangelho consiste nas boas-novas por meio das quais Deus nos oferece a salvação por meio de seu Filho, Jesus Cristo". Eric recorre ao capítulo 2 de Lucas, em que o evangelista escreve que o anjo disse: "Estou lhes trazendo boas-novas... [sobre] o Salvador...", e depois deduz que o evangelho se constitui, a princípio, nas boas-novas sobre o Salvador — e sobre a salvação que Ele traz.

Eric pergunta em seguida: "Então, de que Cristo nos salva?".

A resposta, voltando dois Evangelhos, está em Mateus 1:21: dos "nossos pecados".

O pastor Eric agora pergunta: "Como?". Ele chega à conclusão de que 1Pedro 3:18 dá a resposta: por meio da morte e da ressurreição de Jesus. A ausência da ressureição na maior parte do evangelismo atualmente é impressionante, portanto, aplaudo o modo pelo qual Eric situa o evangelho nessa resposta.

Mas depois o pastor Eric faz algumas declarações ameaçadoras que possuem o risco de desfazer ou pelo menos minimizar o seu evangelho da ressurreição. Suas declarações são todas feitas na forma negativa do verbo e são o retrato do pulso agitado da cultura da salvação:

- O evangelho não equivale a um chamado para imitar Jesus.
- Ele não consiste em uma proclamação pública de que Jesus é Senhor e Rei.
- Ele não se trata (diretamente) de um convite para vir à Igreja.
- A promessa da segunda vinda de Jesus não faz parte dele.

O pastor Eric continua: "Não é assim que funciona. Essas dimensões fazem parte da teologia cristã e são verdadeiras, mas o evangelho consiste somente no ponto de partida. Trata-se das boas-novas de que Jesus veio para nos salvar dos nossos pecados morrendo na cruz e ressuscitando dentre os mortos".

Cultura do evangelho ou cultura da salvação? 43

Ele prossegue com a pergunta: "Como se recebe a salvação?". Eric logo responde da seguinte forma: "Simplesmente pela fé, porque tudo é pela graça." Entretanto, o pastor Eric começa a pensar sobre um dos problemas mais importantes da Igreja: Será que a salvação realmente leva aqueles que se decidem por ela a entrarem pelo caminho do discipulado? Então, ele começa a refinar suas palavras. Ele afirma que a fé verdadeira consiste em uma fé robusta; ela envolve a mente, o coração e a vontade. Para ser sincero, ele faz o máximo para garantir que a salvação vem somente pela graça, mas ele quer que essa fé leve (de forma inevitável e segura) ao discipulado. Mas ele tem medo de que se bater muito nessa tecla, a salvação pela graça e pela fé seja prejudicada. Por causa disso, ele vai de um lado para o outro porque o seu evangelho se baseia em uma "cultura de salvação" em vez de em uma cultura do próprio evangelho.

Demonstraremos neste livro que o evangelho apostólico, por se tratar de um evangelho da cultura do próprio evangelho e não da cultura da salvação, está longe de ter uma dificuldade dessas. Somos nós que inventamos todos esses nós. Pode-se usar as palavras mais bonitas possíveis, mas esse tipo de evangelho da cultura da salvação sempre criará o problema do discipulado.

A *cultura da salvação não exige que os membros ou que aqueles que tomam decisões por Cristo sejam discípulos para que sejam salvos.* Por que não? Porque o seu evangelho se baseia totalmente na questão de pegar ou largar a salvação. Sempre consiste em tomar essa decisão. Neste livro, queremos demonstrar que o evangelho de Jesus e dos apóstolos, que criaram uma cultura do evangelho e não simplesmente uma cultura da salvação, constituía--se em um evangelho que carregava dentro de si o poder, a capacidade e a exigência de convocar as pessoas que queriam entrar nesse plano a serem discípulos. Em outras palavras, incorporava a cultura da salvação dentro de uma cultura do evangelho.

Para que se crie uma cultura do evangelho, no entanto, precisamos distinguir entre quatro categorias.

3

DA NARRATIVA À SALVAÇÃO

VOCÊ PODE ACHAR QUE ESTOU enrolando por não ir diretamente ao sentido da palavra evangelho. Estamos quase chegando lá. Para formar o cenário da definição do evangelho, precisamos diferenciar quatro grandes categorias, e os temas deste capítulo vêm justamente delas:

A narrativa de Israel ou da Bíblia.
A narrativa de Jesus.
O plano da salvação.
O método de persuasão.

Gostaria de fazer uma pergunta, e espero que você separe algum tempo para refletir sobre ela antes de respondê-la: A qual dessas quatro categorias você aplicaria a palavra *evangelho*? Muitos pensam que se trata da narrativa de Israel. Para elas, a trama da Bíblia equivale ao próprio evangelho. Para alguns, o evangelho se resume a Cristo, ponto final e fim de papo. No entanto, para outras pessoas, e eu colocaria os evangélicos, os católicos e os ortodoxos de um modo ou de outro nessa gaveta, a palavra evangelho se alinha de forma mais natural com a terceira categoria, que consiste no plano da salvação, que defino como o plano (pessoal) de como Deus nos salva. Na verdade, devido à forma pela qual o evangelho é pregado hoje em dia, muitos também veriam pouca diferença entre o Plano de Salvação e o Método de Persuasão. (Falarei mais sobre isso daqui a pouco).

Essas quatro categorias estão interligadas umas às outras e sugiro que uma fique acima da outra. Como se pode ver na Figura 2, a base é a narrativa de Israel, de onde vem todo o sentido da narrativa de Jesus. O Plano da Salvação flui dessa narrativa de Israel e de Jesus e o Método de Persuasão flui do Plano da Salvação.

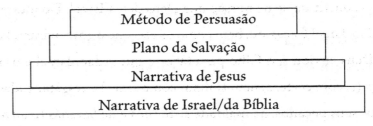

Figura 2

A narrativa de Israel

A *narrativa de Israel*, ou da Bíblia, é o rastreio de como se desenrola a trama da Bíblia: a criação do mundo como templo de Deus, a colocação dos dois pequenos *eikons* — Adão e Eva, por serem portadores da imagem de Deus — no jardim-templo de Deus (chamado Éden) para serem seus representantes, governar o jardim para Ele, e se relacionar com Ele, com o próximo e com o mundo de forma redentora. A tarefa única de ser representante divino e de governar o jardim de Deus foi distorcida de forma radical quando Adão e Eva se rebelaram contra a boa instrução dele. Deus os expulsou do Éden. Não dá para se fazer um salto agora para Jesus e para o Novo Testamento e pensar que entendemos a narrativa de Israel e da Bíblia. Todas as páginas da Bíblia seguem por outro caminho. Existe muita coisa a dizer quanto a isso, e, já que estaremos revisando todos os pontos de maneira sutil, mas importante, mais adiante no livro, só falarei por enquanto aquilo que for indispensável.

Deus escolheu uma pessoa, Abraão, e depois, por meio dele, escolheu o povo de Israel, e mais tarde a Igreja, para serem sacerdotes de Deus e governantes neste mundo em nome dele. O que Adão devia fazer no jardim — ou seja, governar este mundo de forma redentora em nome de Deus — constituía-se na missão que Deus deu a Israel. Do mesmo modo que Adão, Israel fracassou, bem como os reis que o governaram. Por causa disso, Deus enviou seu Filho para fazer o que Adão, Israel e os reis não podiam (e, com certeza, nem tinham como fazer) e resgatar todas as pessoas dos seus pecados, da maldade sistêmica e de Satanás (o adversário). Portanto, o Filho é aquele que governa como Messias e Senhor.

Observe o seguinte: o que Deus faz ao enviar o Filho consiste em estabelecer Jesus como o Messias, que significa Rei, e estabelecer em Jesus Cristo o reino de Deus, que significa que o rei ativamente o governa. Deus queria que os *eikons* Adão e Eva governassem esse mundo. Eles fracassaram nessa tarefa, portanto Deus enviou o seu Filho para assumir esse governo.

Pelo fato de ser Rei, Messias e Senhor, o Filho comissiona a Igreja para dar testemunho e ser exemplo do reino como povo de Deus.

Por fim, essa narrativa tem um propósito: a consumação, quando Deus resolverá todas as coisas ao estabelecer o seu reino sobre a terra. Essa consumação vem junto com uma explicação que nos leva a uma releitura de toda a Bíblia: Deus colocou Adão e Eva no princípio em um jardim-templo, mas quando Deus resolve todas as coisas, esse jardim desaparece. Em vez de um jardim, vemos nos capítulos 21 e 22 de Apocalipse uma *cidade*. Em outras palavras, o jardim não era a condição ideal. A ideia era de uma cidade próspera, vibrante, geradora de cultura, que honre a Deus e coloque Cristo como centro dela.

Embora esse esboço da narrativa bíblica possa parecer uma história antiga para muitos e embora cada linha (ou até mesmo cada palavra) mereça que se escreva um capítulo sobre ela), trata-se da narrativa bíblica, e se constitui praticamente na sua única narrativa. No entanto, essa história não equivale ao evangelho. O evangelho se encaixa nesta narrativa, mas não se constitui na sua totalidade. Além disso, o evangelho *só faz sentido dentro dela*. Isso leva a outra afirmativa: *se ignorarmos essa história, o evangelho fica distorcido, e é exatamente isso que acontece nas culturas de salvação*.

A narrativa de Jesus

Do mesmo modo que o estudo de *O leão, a feiticeira e o guarda-roupa* em vez de estudar todas as sete *Crônicas de Nárnia*, a nossa segunda categoria não passa de uma parte da narrativa: a *narrativa de Jesus*. A narrativa de Jesus traz a narrativa de Israel ao seu *telos*, isto é, ao seu cumprimento, complementação ou resolução. Em alguns momentos, utilizarei o verbo "complementar", mas essa palavra indica "levar à resolução", ou seja, a narrativa de

Israel chega ao seu *telos*. Minha ideia não é sugerir que essa narrativa terminou oficialmente — a Igreja continua e a consumação ainda está por vir.

A narrativa de Jesus fala sobre a visão do reino, e esta visão surge da narrativa da criação, a partir da história de Israel tentando cumprir o desígnio de Deus para Israel, e da visão da cidade no livro do Apocalipse. Capítulos inteiros a respeito de cada uma das palavras e das afirmações feitas nestas linhas poderiam ser escritos, mas isso não é possível no momento porque estamos tentando compreender o quadro geral. No centro da narrativa de Jesus se encontra a narrativa do seu nascimento, da sua vida e dos seus ensinos, dos seus milagres e obras, da sua morte, sepultamento, ressurreição, ascensão e exaltação. Fazem parte intrínseca da narrativa de Jesus os títulos que o definem e identificam a sua pessoa e a sua função ao complementar a narrativa de Israel: Messias, Senhor, Filho de Deus, Salvador e Filho do Homem. A narrativa de Jesus como Messias e Senhor resolve o que precisava ser complementado na narrativa de Israel. Este Jesus é aquele que salva Israel de seus pecados e aquele que resgata o homem de suas prisões.

Voltando à resposta para a pessoa que me mandou o e-mail: o problema básico que ela teve em perguntar qual seria o vínculo que a messianidade de Jesus tem com o evangelho é que o seu entendimento do "evangelho" reside no que se constitui em uma solução a um problema de pecado individual, existencial e particular, mas que deixa de considerar (ao mesmo tempo) a resolução de uma história, que é a narrativa de Israel em busca de uma solução messiânica. No entanto, a narrativa de Jesus, antes de mais nada, é a resolução da narrativa de Israel, e é justamente porque essa narrativa complementa a história de Israel, que ela salva. Isso nos leva à próxima categoria.

O plano da salvação

Agora a nossa terceira grande ideia: o *Plano de Salvação* (pessoal). O plano da salvação flui da narrativa de Israel ou da Bíblia e da narrativa de Jesus. De Israel a Jesus, a narrativa trata da história salvadora. Do mesmo modo que ousamos não diminuir a importância dessa narrativa se quisermos compreender o evangelho, também ressaltamos os seus efeitos salvíficos.

Mas ensinar uma equivalência entre o plano de salvação e a narrativa de Israel, ou entre o plano da salvação e a história de Jesus distorce o evangelho e algumas vezes chega até a destruir a narrativa. É costume nos Estados Unidos se referir ao "plano de salvação do evangelho", pelo qual indicamos *como a pessoa encontra a salvação, e tudo o que Deus fez por nós, e como devemos reagir se quisermos ser salvos.* Por causa das conversas com amigos de outras partes do mundo, estou ciente de que esse "plano de salvação" pode soar para eles algo mais próximo do que quero dizer com "a narrativa de Israel e a narrativa de Jesus" em conjunto. Isto é, para muitas pessoas, o plano de salvação evoca a missão de Deus neste mundo.

Com todo o devido respeito a meus amigos, quero usar o plano de salvação em um sentido específico e somente nesse sentido, e para se referir à mensagem salvadora em particular e a como somos salvos. Esse é o quadro geral: às vezes ficamos tão obcecados no plano de salvação pessoal e na maneira pela qual somos salvos que descartamos totalmente a narrativa de Israel e a narrativa de Jesus. Li recentemente um livro sobre o evangelho e ele me despertou a seguinte pergunta: Será que esse escritor chegou a ter alguma necessidade de se basear no Antigo Testamento para chegar ao seu entendimento sobre o evangelho? Infelizmente, acho que ele nem foi levado em conta. É isso que acontece quando igualamos o "evangelho" às doutrinas que participam do "plano da salvação". A narrativa bíblica desaparece, juntamente com o próprio evangelho!

Então, no que consiste esse plano (pessoal) de salvação? Quero dar a entender com essa expressão os elementos ou as ideias que encontramos na narrativa bíblica que muitos de nós, mas não somente os evangélicos, reunimos para explicar como a pessoa recebe a salvação, o perdão e a reconciliação com Deus, e o que essa pessoa precisa fazer para que isso aconteça. Tenho que confessar que não me sinto completamente à vontade com os pontos que relacionarei em seguida (e com os que não relacionarei), simplesmente por achar que a salvação consiste em algo mais robusto do que isso. Mas, em defesa da minha proposta, coloco os seguintes pontos porque eles se constituem mais ou menos na maneira pela qual muitos entendem os pontos básicos da salvação pessoal e o modo pelo qual muitos entendem (ou confundem) o próprio evangelho. Exponho a seguir os elementos mais comuns do plano da salvação, e cada uma dessas linhas esquenta o coração de todas as pessoas que conhecem o poder salvador de Deus:

- O amor, a graça, a santidade e a justiça de Deus.
- Nossa criação como *eikons*, ou portadores da imagem divina, que foi desfigurada por nossa escolha de pecar — e de desobedecer, com o pecado original fazendo parte disso.
- A nossa condição de estar debaixo do juízo de Deus.
- As boas-novas da morte expiatória de Jesus Cristo, que perdoa os nossos pecados e nos reconcilia com Deus.
- A necessidade de todo ser humano de reagir de forma simples reconhecendo sua própria pecaminosidade, arrependendo-se do pecado e confiando na morte expiatória de Jesus.

Acho que você achará bem estranho que eu faça essa declaração, mas, mesmo assim, a farei: esse plano de salvação não equivale ao evangelho. O plano de salvação surge da narrativa de Israel, ou da Bíblia, e da narrativa de Jesus, mas esse plano e o evangelho não se constituem na mesma ideia. Sei que há controvérsias a respeito disso. Não estou negando nem a salvação — ou a justificação pela fé — nem a importância dela dentro da Bíblia, e acredito que podemos dizer muito mais do que acabei de relacionar sobre esse assunto. É claro que, ainda assim, fora da salvação permaneceremos sem nenhuma reconciliação com Deus. Mas o que espero demonstrar é que o "evangelho" do Novo Testamento não pode ser reduzido ao plano da salvação. Pelo contrário, o plano da salvação, conforme a figura 2 ilustra, flui (e vem da base) da narrativa de Israel e da narrativa de Jesus. As boas-novas residem no fato de que quanto mais submergimos a "salvação" na ideia mais ampla do "evangelho", o nosso entendimento a respeito dele se revestirá de uma força cada vez maior.

Antes de passar para a quarta categoria, quero fazer uma observação que revela a importância de se fazer uma distinção entre o evangelho, que passarei a estudar nas próximas páginas, e o plano da salvação: pela maior parte da minha vida adulta, tanto ouvi quanto fiz reclamações sobre a dificuldade de fazer as pessoas "salvas" se envolverem mais no discipulado. Tenta-se fazer toda sorte de esquemas motivacionais, e eu até cheguei a inventar alguns. A maioria deles, possivelmente todos – conforme disse o grande escritor irlandês Frank O'Connor – "são costurados com alfinetes e ave-marias".[1]

---

[1] Frank O'Connor, *An Only Child* (New York: Knopf, 1961), p. 37.

O evangelho que recebi.

Deus é verdadeiro... Deus nos ama... O evangelho e a salvação são para todos... Deus nos enviou seu Filho, e Ele foi crucificado por nós. A maneira de responder ao amor de Deus é acreditar nele, e a recompensa é a vida eterna. Essas pessoas [que me ensinaram o evangelho] querem explicar o evangelho da forma mais simples possível... [e eles querem] focar apenas o "lado bom" do evangelho e deixar que as pessoas aceitem o evangelho simplesmente como se estivessem recebendo uma bênção.

"JOHN" – um aluno.

Tenho certeza de que existe um equívoco básico em ação nesses esquemas motivacionais. Ressalto que não somente eles reduziram a visão robusta da salvação a estes quatro ou cinco pontos; trata-se também de pedir que o plano da salvação faça algo para o qual nunca teve o intuito de fazer. Para deixar bem claro, o plano de salvação leva somente para uma coisa: a salvação. A justificação leva a uma declaração de Deus de que estamos reconciliados com Ele, que somos o seu povo; isso não leva inexoravelmente a uma vida de justiça, ou de bondade com amor. Se fosse assim, todos os cristãos seriam mais justos, mais cheios de bondade e repletos de amor.

O evangelho, entretanto, quando é entendido de forma inadequada, leva a essas coisas, e, se a princípio tivéssemos diferenciado o "evangelho" do "plano da salvação", não teríamos que nos envolver em todos esses esquemas motivacionais. Se pregarmos o plano da salvação como se fosse todo o evangelho, acabaremos fadados a fazer tudo o que podemos para motivar as pessoas, ou, usando as palavras anteriores, redobrando nossos esforços para levar mais pessoas à Figura 3, a dos discipulados. Porém, se aprendermos a distinguir o evangelho do plano da salvação, descobriremos um mundo totalmente novo. Estou convencido de que não pregamos o evangelho devido ao fato de acharmos que este consiste no plano da salvação e pregamos de acordo com essa ideia. Para deixar as coisas mais graves ainda, o que mais precisamos atualmente, especialmente no caso de uma geração para a qual o plano da salvação não faz nenhum sentido instintivo, é de mais pregações que expliquem o contexto do plano da salvação. (Falaremos também sobre isso mais adiante).

Por enquanto, trarei uma palavra rápida a respeito do evangelho, do reino e do plano da salvação. Os pastores jovens estão em atividade pregando, ensinando e dando exemplo da visão de Jesus para o reino de Deus, e nada tem sido mais revitalizante para muitos nos dias de hoje do que a visão do reino que Jesus nos ensinou. O que muitos estão me perguntando é como pregar o "evangelho" ou como "evangelizar" as pessoas no que diz respeito ao reino de Deus. As pessoas me perguntam centenas de vezes: "Como você evangeliza as pessoas dentro da visão do reino?". (Aproveito para sugerir que leiam o meu livro *One Life: Jesus Calls, We Follow* [Uma vida: Jesus nos chama, e nós o seguimos]). Mas o problema que eu tenho com essa pergunta é que, quando elas a fazem, usam as palavras de um modo antibíblico: quando elas usam a palavra "evangelizar", indicam o "plano da salvação", e isso nos faz andar em círculos imediatamente. Entretanto, a relação entre reino e o plano da salvação é análoga à que existe entre evangelho e o plano da salvação. Eles consistem em conjuntos de categorias diferentes. A visão do reino que Jesus ensinou não trata somente ou mesmo diretamente do plano da salvação, embora ela conduza a ele, implique-o ou envolva-o, sem o qual esse reino não funciona.

A dificuldade nesse particular reside em tentar forçar o plano da salvação dentro da visão do reino, algo que Jesus nem de longe fez, embora muitos quisessem que Ele tivesse agido dessa forma. Por que temos esse ranço? Simplesmente porque igualamos o "evangelho" ao "plano da salvação", e isso indica que somos constrangidos a igualar o "reino" ao "plano da salvação". O que é pior nisso tudo é que somos forçados a decidir. Muitos optaram ou pelo reino, ou pelo plano da salvação. Mas se soubermos diferenciar essas palavras, não temos que forçar o "reino" para se encaixar no "plano da salvação", nem o "plano da salvação" para se encaixar no reino, muito menos ter que decidir entre um e outro. (Falaremos também sobre isso posteriormente).

O método de persuasão

Chegou o momento da nossa quarta e última categoria: o *método de persuasão* consiste na forma pela qual aprendemos a "embalar" o plano da salvação para convencer as pessoas a aceitá-lo de uma forma mais eficiente e bem-sucedida. Estou me referindo aqui a duas coisas: os componentes bíblicos (como o amor de Deus, a graça e a fé) e a amarração desses elementos dentro de um esquema retórico.

O método que muitos preferem usar para convencer, se não for o preferido da maioria, começa com a graça de Deus, mas logo passa para o juízo final, o inferno e a ira divina. Esse segundo movimento usa palavras que possuem um propósito de estabelecer um senso de urgência à nossa mensagem e um modo de chamar a atenção de quem nos ouve. Mas muitos acham que é mais importante demonstrar, exemplificar e proclamar o amor surpreendente e a graça de Deus e orar para que essa mesma graça aqueça o coração daqueles que ouvem a mensagem. Entretanto, é imprescindível destacar mais uma vez o seguinte: o nosso método preferido de persuasão e o evangelho não se constituem na mesma coisa. Tenho visto muita gente hoje que pensa que o "evangelho" visto em nossos folhetos evangelísticos ou que ouvimos quando se faz o apelo depois da pregação consiste no único evangelho que a Igreja pregou desde o princípio. Quem sabe precisemos refrescar a memória.

A história da pregação evangelística, sobre a qual simplesmente dei uma amostra em minha pesquisa para este livro, demonstra que os métodos mudam e se ajustam às necessidades do evangelista e da plateia. Em primeiro lugar, as pregações de Pedro e de Paulo em Atos não equivalem aos métodos utilizados na história da Igreja, embora tenhamos o dever contínuo de verificar se o nosso evangelho se encaixa no evangelho deles.

Lembro-me de ver certo diagrama na minha juventude. Tratava-se de um desenho que representava dois lados e um vale profundo que corria bem no meio deles. De um lado estava a humanidade presa ao pecado, e do outro estava Deus com toda a sua bondade. Mas não havia nenhum caminho que unisse esses dois lados, até que o professor desenhasse uma cruz que servia de ponte de um lado para o outro, e explicasse como a morte e a ressurreição de Jesus trouxe a humanidade a um relacionamento correto com Deus.

"Ester" – uma aluna.

Em segundo lugar, possivelmente o exemplo mais antigo de evangelização de que se tem notícia se encontra atualmente na carta que se chama *Epístola de Diogneto*.[2] Esta carta possui três objetivos: refutar a idolatria, distanciar a fé cristã do judaísmo, e apresentar a glória de Jesus Cristo e todo o amor e misericórdia de Deus pelo homem. Existe muita coisa em comum entre as pregações de Paulo aos gentios nos capítulos 14 e 17 de Atos, mas este texto inequivocamente parece se constituir em um tratado sobre evangelismo do século 2.

O terceiro aspecto é que a reforma deu novos destaques, e possivelmente nada é mais reformado no foco evangelístico do que a famosa pregação de Thomas Cranmer intitulada *A sermon on the salvation of mankind, by only Christ our Saviour, from sin and death everlasting* [Um sermão sobre a salvação da humanidade do pecado e da morte eterna, que é realizada somente por Cristo, nosso Salvador]. Existe uma ênfase neste sermão, que foi escrito para que fosse lido em todas as igrejas da Inglaterra para ensinar a salvação, que consiste em fazer as pessoas deixarem de confiar em si mesmas, e as incentivarem a aprender a ter confiança somente em Cristo para encontrarem a justificação diante de Deus.[3] Trata-se de um tipo bem reformado de pregação sobre o evangelho.

Em quarto lugar, independentemente de onde se começa a ler as pregações de Wesley, acaba-se envolvido em seu ensino claro sobre a plenitude

---

[2] Veja *The Apostolic Fathers* (ed. M. W. Holmes; Grand Rapids: Baker, 2007), p. 694-719.
[3] Veja J. H. Leith, *Creeds of the Churches* (ed. rev.; Atlanta: John Knox, 1977), p. 239-251.

da salvação e sobre a necessidade da fé para que a pessoa seja justificada e santificada.[4]

Enfim, acabamos de observar quatro épocas — quatro orientações diferentes com relação ao evangelismo. Portanto, o nosso método está longe de ser o único que a Igreja utilizou.

Observe que temos que diferenciar os elementos do evangelho da combinação desses elementos dentro de algum método de persuasão. No entanto, não podemos igualar o nosso método de persuasão — ou mesmo o de John Wesley ou de Cranmer — ao próprio evangelho. Na verdade, com base no que este estudo concluirá posteriormente, a figura 3 representa o que aconteceu em nossa cultura de salvação. *O plano de salvação e o método de persuasão foram revestidos de tanto peso que eles ofuscaram e têm ofuscado a narrativa de Israel e a narrativa de Jesus. Isso traz consequências imensas para o próprio evangelho.* Falarei mais sobre esse método no decorrer deste livro, mas gostaria de fazer um alerta no momento: o nosso método de persuasão é moldado por uma cultura de salvação e criado do princípio ao fim para fazer com que as pessoas tomem uma decisão para que possam entrar de forma segura na fronteira "daqueles que se decidem por Cristo". A minha proposta é que este método precisa ser reformulado profundamente.

Essas quatro categorias formam duas unidades. A narrativa de Jesus pertence a narrativa de Israel ou da Bíblia e só faz sentido dentro dessas narrativas. O plano da salvação e o método de persuasão pertencem um ao outro. Um se constitui na teoria e o outro consiste na prática.

---

[4] Veja *John Wesley's Sermons: An Anthology* (ed. A. C. Outler e R. P. Heitzenrater; Nashville: Abingdon, 1987), p. ex., p. 335-345, 371-380, 381-391.

O evangelho que recebi era muito simples, era muito direto, e não se fazia nenhuma pergunta porque só se precisava fazer uma coisa, ser cristão...

Eu classificaria o evangelho que recebi como João 3:16, porque esse era o único versículo que parecia ser importante.

"Rose" – uma aluna.

DA NARRATIVA À SALVAÇÃO 61

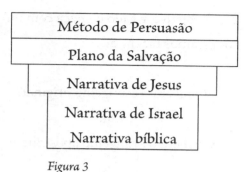

Figura 3

É preciso que se faça uma diferenciação entre essas quatro categorias. Devido ao fato de termos ofuscado a narrativa de Israel e a narrativa de Jesus debaixo da interpretação das últimas duas grandes ideias — o plano de salvação e o método de persuasão, e tenho que confessar que também fiz a mesma coisa —, o evangelho perdeu o fio da meada e o seu próprio significado. Nada prova isso de forma mais eficaz do que a total ignorância que a maioria dos cristãos possui a respeito da narrativa do Antigo Testamento. Uma das razões pelas quais tantos cristãos na atualidade não conhecem o Antigo Testamento é porque o seu "evangelho" o descarta! Espero que essa afirmação chame a sua atenção. A pessoa que escreveu o e-mail perguntando o que o Messias tem a ver com tudo isso revela exatamente esse problema.

Afirmarei nas páginas seguintes que a palavra evangelho *pertence a um, e somente a um, desses quatro conjuntos de palavras, o qual declaro ser a narrativa de Jesus como a resolução da narrativa de Israel.* Uma vez que deixemos isso claro e observemos as diferenças entre "evangelho" e "salvação", seremos capazes de desenvolver uma "cultura da salvação" que somente se enquadra em uma "cultura do evangelho". No entanto, precisamos fazer algumas coisas para chegar a esse objetivo, e tudo começa com uma série de perguntas que muitos de nós estamos fazendo:

Qual era o evangelho original?
Ou,
Qual era o evangelho apostólico?
Ou,
Qual foi o evangelho que Jesus pregou?
Ou,
Qual foi o evangelho do Novo Testamento?

4

O evangelho apostólico de Paulo

TUDO DEPENDE DE ONDE SE começa. O pai do amigo de um amigo do meu filho (uma pessoa que na verdade está bem mais envolvida do que isso) é o supervisor de um campo de golfe dentro de um clube de campo particular. Um dia ele me convidou para que lhe telefonasse em alguma noite de domingo para que me reservasse o campo — só para mim — no período em que ele tem acesso restrito aos sócios. Então, atendi seu convite e fiz a ligação. Ele me instruiu sobre a hora que deveria chegar e o lugar em que deveria estacionar (que fosse acima de qualquer suspeita). Então ele me fez uma pergunta simples: "Você precisa que eu lhe diga qual é o formato do campo?". Estava motivado quanto a ter todo o campo só para mim e nem um pouco feliz em jogar de graça. Uma vez que já tinha jogado em tantos campos na minha vida, eu disse: "Não preciso, Jim, eu descubro por mim mesmo".

Eram seis e meia da manhã quando eu cheguei no campo, estacionei, peguei meus tacos e passei pela sede do clube para dar a primeira tacada. Dois problemas complicaram a minha situação. Em primeiro lugar, não havia nenhum marcador que mostrasse que aquele era o "buraco nº 1". Logo disse a mim mesmo: "Claro que não, esse campo é particular, e os membros o conhecem e não precisam de marcadores". O segundo problema era que não havia mapas porque não havia quadros de resultados nas áreas do *tee* [suporte para colocar a bola]. Pensei novamente: Claro que não, os membros deste clube recebem o cartão dentro da sede do clube.

Depois surgiu outro problema: havia três áreas perto da sede do clube, e isso indicava que, para jogar no primeiro buraco, havia três opções. Eu fiz a minha escolha, e após quatro buracos eu achava que estava no formato mais maluco de campo de golfe que já tinha visto. Ao chegar na quinta área, Jim veio no seu carrinho e disse: "Puxa, Scot, você deve ter chegado muito cedo!".

Essa pergunta deixou bem claro que algo estava errado porque não havia chegado no campo fora do horário que ele me sugeriu. Então eu perguntei para ele: "Por que está dizendo isso?".

Sua resposta foi: "É que você está no buraco 14". (Eu achei que estava no número 5). Ele usou de um humor devastador: "Perguntei se você precisava que eu lhe dissesse o formato do campo, e você disse que não". Depois de rir bem alto, ele disse: "Acho que precisava! Vem comigo no carrinho que eu lhe dou um cartão e começamos tudo de novo". Então ele disse tudo: "Quando não começamos no lugar certo, o campo de golfe não faz sentido".

Ele está certo, e a ideia de Jim é bem mais verdadeira quando se trata de mapear o nosso entendimento do evangelho. Onde começamos? O melhor ponto de partida *é uma passagem em todo o Novo Testamento em que algo realmente chega perto de definir a palavra* evangelho. Trata-se do capítulo 15 de 1Coríntios.

A tradição apostólica do evangelho

Uma das maiores vantagens dessa definição exclusiva do evangelho é o fato de muitos especialistas acharem que ela está entre o conjunto de linhas "mais antigas" de todo o Novo Testamento. Eles acham que essa era a tradição oral sobre o evangelho que todo apóstolo recebia e passava adiante. O capítulo 15 de 1Coríntios não passa de um introito para os dias mais antigos da Igreja; ele nos conta o que todos criam e o que todos pregavam. Essa passagem consiste na tradição apostólica do evangelho.[1] Portanto...

Antes de o Novo Testamento existir...

Antes de os apóstolos começarem a escrever suas cartas...

Antes de os Evangelhos serem escritos...

Havia o evangelho.

No princípio era o evangelho.

Esse evangelho é o que agora se encontra no capítulo 15 de 1Coríntios.

---

[1] Em paralelo com a tradição original do evangelho apostólico, a Igreja Primitiva às vezes também resumia o que cria em outras declarações confessionais curtas, e enumerei algumas delas no Apêndice 1 no final deste livro.

Se não começarmos por aqui, cometeremos um grandioso equívoco. A fim de destacar o quanto esse apelo ao evangelho apostólico feito por Paulo é importante para a tradição apostólica do evangelho, temos que recordar que Paulo tinha tido uma experiência única com a graça salvadora de Deus a caminho de Damasco em seu encontro com o Senhor glorificado, Jesus, o Messias. Sua experiência foi tão impactante que ele diria posteriormente que o *seu evangelho* consistia em uma revelação pessoal do próprio Deus (Gálatas 1:13-16). Sua revelação de Deus foi tão clara que ele afirma sem rodeios que não precisava nem mesmo de confirmação dos próprios apóstolos.

Todo esse destaque da parte de Paulo reside em sua própria singularidade e na revelação especial que ele recebeu de Deus... mas quando se relaciona com definir o evangelho, Paulo era um conservador de carteirinha. Em vez de expressar o evangelho com suas próprias palavras, ele se limita a recitar o evangelho testado e aprovado pela tradição da Igreja. Isso equivale a pedir ao teólogo ou teóloga mais famoso do mundo para declarar sua teologia de modo resumido e, em vez de receber alguma declaração pessoal, essa pessoa dizer: "Creio em Deus Pai, criador do céu e da terra, e em...". Isto é, em vez de apresentar o seu ponto de vista da teologia, o teólogo recita o Credo dos Apóstolos. Foi exatamente o que Paulo fez quando instado a definir o evangelho: ele citou a tradição.

O capítulo 15 de 1Coríntios em três partes

Será útil para o que discutiremos posteriormente separar as palavras de Paulo em três partes: A, B e C. A parte A consiste na introdução e a parte B define o evangelho. Mas, devido ao fato de muitos acharem que 15:20-28, depois de uma pausa de dezenas de versículos, continua a "declaração" que

Paulo faz a respeito do evangelho, passarei também a incluir esses versículos como parte C. Explico as palavras em negrito porque é bem fácil se acostumar a pular passagens na Bíblia quando citadas em livro como 1Coríntios, portanto peço que leia esses versículos com cuidado. É nesse ponto que Paulo começa, e é exatamente nele que iniciaremos nosso estudo. (Demonstraremos depois a razão pela qual é sábio começar por aqui mesmo enquanto nos perguntamos se Jesus pregou o evangelho).

A

Irmãos, quero lembrar-lhes o evangelho que lhes preguei, o qual vocês receberam e no qual estão firmes. Por meio deste evangelho vocês são salvos, desde que se apeguem firmemente à palavra que lhes preguei; caso contrário, vocês têm crido em vão (15:1-2).

B

Pois o que primeiramente lhes transmiti foi o que recebi: que Cristo morreu pelos nossos pecados, segundo as Escrituras, foi sepultado e ressuscitou ao terceiro dia, segundo as Escrituras, e apareceu a Pedro e depois aos Doze (15:3-5).

C

Mas de fato Cristo ressuscitou dentre os mortos, sendo as primícias dentre aqueles que dormiram. Visto que a morte veio por meio de um só homem, também a ressurreição dos mortos veio por meio de um só homem. Pois da mesma forma como em Adão todos morrem, em Cristo todos serão vivificados. Mas cada um por sua vez: Cristo, o primeiro; depois, quando ele vier, os que lhe pertencem. Então virá o fim, quando ele entregar o Reino a Deus, o Pai, depois de ter destruído todo domínio, autoridade e poder.

> *Pois é necessário que ele reine até que todos os seus inimigos sejam postos debaixo de seus pés. O último inimigo a ser destruído é a morte. Porque ele "tudo sujeitou debaixo de seus pés". Ora, quando se diz que "tudo" lhe foi sujeito, fica claro que isso não inclui o próprio Deus, que tudo submeteu a Cristo. Quando, porém, tudo lhe estiver sujeito, então o próprio Filho se sujeitará àquele que todas as coisas lhe sujeitou, a fim de que Deus seja tudo em todos (15:20-28).*

Essa definição de "evangelho" feita pelo apóstolo Paulo é o ponto de partida, e, se começarmos aqui, encontraremos tanto o significado do "evangelho" como teremos um mapa que mostrará como navegar pelo restante do Novo Testamento e da história da Igreja! Se partirmos daqui, damos o primeiro passo para criar uma cultura do evangelho. Pode-se expor esse texto utilizando-se páginas e páginas, mas isso não é necessário nesse contexto. Em vez disso, quero destacar somente alguns pontos.

Oito observações sobre o evangelho de Paulo
"O evangelho que evangelizei"

No parágrafo A (1Coríntios 15:1-2), *Paulo se vincula aos coríntios por meio do evangelho*. Ele diz que o evangelho é o "evangelho que lhes *proclamei*". O evangelho diz isso de um modo que merece atenção: *to euangelion ho euēngelisamen* — ou "o evangelho que evangelizei". O evangelho que Paulo evangelizou consiste em algo mais do que isso: trata-se do evangelho que os *coríntios* "receberam" e o evangelho "no qual [eles] se baseiam". Além disso, trata-se do evangelho pelo qual eles estão sendo "salvos". O evangelho de Paulo salva e sustenta. Entretanto, mais uma vez Paulo destaca o vínculo de seu evangelho com eles por toda a última linha do parágrafo A:

a expressão "à palavra *que lhes preguei*" poderia ser traduzida da seguinte forma: "cuja palavra eu evangelizei para vocês". A nossa primeira observação é simples: tudo consiste no "evangelho".

A tradição do evangelho

O parágrafo B (1Coríntios 15:3-5) explica de forma mais profunda o parágrafo A, e faz isso por meio de uma palavra que é traduzida como "vocês receberam" (15:1). Essa palavra (*parelabete*, no grego) se refere à tradição autorizada dos apóstolos que eles tinham dominado (ou que lhes dominou) e a qual o próprio Paulo "recebeu" (15:3, *parelabon*, o mesmo verbo grego). Paulo então "transmitiu" essa mesma tradição do evangelho aos coríntios, de modo que eles tivessem o evangelho autêntico. Quem sabe precisemos separar um tempo para nos lembrarmos novamente do que Paulo está dizendo: ele está dizendo que o evangelho que evangelizou consiste no evangelho autêntico e confiável dos apóstolos — ele tanto recebeu esse evangelho como o transmitiu. Ele não inova com relação ao evangelho.

Além do mais, qual é esse evangelho tradicional que o apóstolo Paulo transmitiu aos coríntios para que eles pudessem recebê-lo? O parágrafo B nos diz qual é.

A definição do evangelho

O evangelho apostólico autêntico, que foi o evangelho que Paulo recebeu e transmitiu, e aquele que os coríntios receberam, envolve os seguintes acontecimentos na vida de Jesus:

> *Cristo morreu,*
> *Cristo foi sepultado,*

Cristo ressuscitou,
e Cristo se manifestou.

O evangelho consiste na narrativa dos acontecimentos fundamentais na vida de Jesus Cristo. Em vez das "quatro leis espirituais", que para muitos sustenta a nossa cultura da salvação, o evangelho mais primitivo envolvia quatro "acontecimentos" ou "capítulos" na vida de Jesus Cristo.

Talvez precisemos no lembrar de algo a nível bem fundamental: a palavra evangelho era usada no mundo judaico na época dos apóstolos para *anunciar* alguma coisa, *declarar* alguma coisa como boas-novas — a palavra *euangelion* sempre significa boas-novas. "Evangelizar" quer dizer divulgar, proclamar, e declarar algo sobre alguma coisa. Juntando todos esses sentidos, podemos dizer que o evangelho consiste em anunciar as boas-novas sobre os acontecimentos principais da vida de Jesus Cristo. Para Paulo, evangelizar era contar, anunciar, declarar e proclamar em voz alta a narrativa de Jesus Cristo como a notícia salvadora de Deus.

Resolução da narrativa de Israel

Observe nos parágrafos B e C acima, especialmente nas palavras que estão em negrito, que a narrativa do evangelho de Jesus Cristo resolve ou traz a complementação da narrativa de Israel, conforme se encontra nas Escrituras (ou no nosso Antigo Testamento). As palavras importantes que são usadas são "segundo as Escrituras". O evangelho apostólico consiste em um "relato da narrativa de Jesus segundo as Escrituras".

Qualquer pessoa que tenha uma Bíblia com referências pode abri-la em qualquer uma das cartas de Paulo, e, depois de ler um ou dois parágrafos, consultar as referências cruzadas para perceber com que frequência as palavras de Paulo se baseavam nas fontes profundas das Escrituras de Israel. Paulo cita claramente o Antigo Testamento mais de cem vezes, e o número de alusões implícitas e de ecos delas em suas cartas são frequentes a ponto de nos impressionar.[2] Na verdade, a imaginação de Paulo para entender e pregar o evangelho era moldada pela narrativa de Israel. Às vezes, ele age do mesmo modo como um aríete, como em Romanos 3:10-18, em que cita cinco passagens em uma sequência rápida; em outras passagens, usa só uma passagem, como em Gálatas 3:6-9, em que ele está explicando textos do capítulo 12 ao capítulo 15 de Gênesis; ainda em outras ocasiões, ele é sutil, como em 2Coríntios 3:17—4:6, em que o jogo que Paulo faz com palavras como Espírito, Senhor, glória e luz evoca várias passagens, temas e ideias das Escrituras de Israel. Mas não se pode escapar do seguinte: o evangelho de Paulo — melhor ainda, o evangelho cristão primitivo — está baseado nas Escrituras.

Então, a narrativa de Jesus Cristo não consiste em uma história que surgiu do nada como o *Livro de Mórmon*, nem se trata de um conjunto de ideias atemporais como as que se encontram nos escritos filosóficos de Platão. A narrativa de Jesus Cristo foca em um povo, em uma história e em uma Escritura: ela só faz sentido enquanto segue e complementa a narrativa de Israel. Darrell Bock, em seu livro *Recovering the Real Lost Gospel* [Resgatando o evangelho que foi realmente perdido], traz um exemplo cintilante de como essa narrativa do Antigo Testamento está em ação em

---

[2] O que levantou essa questão foi o livro de Richard Hays, *Echoes of Scripture in the Letters of Paul* (New Haven, Ct: Yale Univ. Press, 1989); *The Conversion of Imagination: Paul as Interpreter of Israel's Scriptures* (Grand Rapids: Eerdmans, 2005).

tudo que pode se chamar de evangelho.³ Fiquei impressionado com o modo pelo qual Bock começa seu livro: o evangelho começa com uma promessa. Qual era essa promessa? O relacionamento no Espírito. O meu coração saltava no peito a cada página enquanto lia aquele livro, porque várias vezes ele acerta neste ponto: o evangelho nada mais é que a resolução e o cumprimento da narrativa e das promessas de Israel.

Mais uma vez, as "boas-novas" deste evangelho é que a narrativa de Israel acaba encontrando a sua resolução em Jesus Cristo. Isso nos traz de volta mais uma vez às Figuras 2 e 3 do capítulo 3. Devido ao fato de que o "evangelho" consiste na narrativa de Jesus que cumpre, complementa e resolve a narrativa de Israel, temos a ousadia de não permitir que o evangelho se dissolva nos pontos abstratos e desprovidos de narrativa no plano da salvação.

A salvação flui do evangelho

A distinção entre o "evangelho" e o plano da salvação às vezes faz com que meus leitores e ouvintes franzam a testa. Portanto, vamos deixar isso bem claro: *a salvação — a salvação robusta de Deus — equivale ao resultado intencional da narrativa do evangelho sobre Jesus Cristo que complementa a narrativa de Israel no Antigo Testamento.* Paulo usa uma expressão do plano da salvação em sua definição do evangelho, e lembre-se de que o parágrafo B se constitui em sua própria definição do evangelho "por nossos pecados". Paulo associa as palavras "por nossos pecados" com a frase "Cristo morreu", mostrando mais uma característica distinta do evangelho: o destaque da cruz como perdoadora (e expiadora).

---

³ Darrell Bock, *Recovering the Real Lost Gospel* (Nashville: Broadman and Holman, 2010), p. 7-21.

O evangelho apostólico de Paulo

Temos que dizer algo que se reveste de uma importância fundamental para que se preserve uma cultura do evangelho: Paulo não explica como a morte de Jesus fez algo "por nossos pecados". Ele simplesmente nos conta que Jesus realmente morreu "por nossos pecados". Independentemente de como contamos a narrativa de Jesus, essa narrativa deve lidar com esses "pecados" como algo "pelo qual" Jesus morreu. Podemos contar esta história de várias maneiras — e estou pensando no momento no livro extremamente denso de Brenda Colijn que explica os símbolos da salvação na Bíblia[4] — mas a narrativa tem que necessariamente mostrar que o evangelho *salva*.

Minha maneira preferida de descrever a abrangência da morte salvadora de Jesus consiste em ver que três coisas aconteceram nessa morte:

Jesus morreu

(1) *Conosco* (identificação)

(2) *No nosso lugar* (representação e substituição), e

(3) *Por nós* (incorporação na vida de Deus).

Isto é, Ele, em primeiro lugar, assumiu completamente a condição humana — e não somente a nossa pecaminosidade, mas a plenitude da nossa condição.

Em segundo lugar, Ele morreu a nossa morte como nosso representante para nossa substituição. Ou seja, Ele assumiu o nosso lugar e sofreu o castigo que nos era devido pelos nossos pecados, e esse castigo, de acordo

---

[4] Brenda Colijn, *Images of Salvation in the New Testament* (Downers Grove, IL: InterVarsity Press, 2010).

com o testemunho uniforme da Bíblia, é a *morte dupla*, tanto a morte física como a morte espiritual/eterna.

Ele fez algo *para o nosso bem*, em terceiro lugar: sua morte trouxe o perdão dos pecados, a reconciliação com Deus, a justificação diante do tribunal divino — e, neste instante, não me aprofundarei em todas as implicações desta palavra, que nos resgata de toda a nossa escravidão e nos libera de tudo o que nos mantém cativos. Por fim, a morte (e a ressurreição) de Jesus nos leva à própria presença e à própria vida de Deus. Acredito que isso e muito mais estão envolvidos quando Paulo usa a expressão "por nossos pecados". Mas uma coisa fica bem clara a partir dessa declaração do capítulo 15 de 1Coríntios: Paulo não restringe a salvação a uma única comparação.

Ele diz que Jesus morreu por nossos pecados "segundo as Escrituras", e o meu instinto (e quem sabe o seu) me leva imediatamente à referência de expiação do Servo Sofredor em Isaías 53:10-12. Mas Paulo não se atém a esse texto no capítulo 15 de 1Coríntios porque ele parece, em vez disso, estar nos conduzindo a todo o testemunho do Antigo Testamento sobre a expiação. Então, a essa altura, teríamos que começar com o sistema sacrificial e com Moisés, com o Yom Kippur e até mesmo com a Páscoa. Somente depois poderíamos chegar a textos como os capítulos 52 e 53 de Isaías, apesar de também querermos incluir essa passagem como uma referência muito clara.

Os teólogos cristãos têm debatido de longa data a respeito das "teorias da expiação" e eu mesmo me envolvi nessa questão.[5] Não somos levados

---

[5] Veja o meu livro intitulado *A Community Called Atonement* (Nashville: Abingdon, 2007).

a nenhuma delas por meio da expressão "por nossos pecados", mas somos levados a ver que cada uma delas a seu próprio modo possui o poder de revelar o impacto salvador da morte de Jesus. É melhor ampliar a nossa percepção do que Deus fez "por nossos pecados" do que se ater a uma única teoria. O que Paulo disse foi suficiente para os apóstolos — esta é a tradição apostólica do evangelho — do mesmo modo que basta para nós atualmente: Jesus morreu "por nossos pecados".

Não resisto à tentação de explicar um pouco mais isso tudo. Um bom exemplo de percepção da emoção transformadora e dos efeitos salvadores do evangelho se encontra em Gálatas 4:4-6:

> Mas, quando chegou a plenitude do tempo, Deus enviou seu Filho, nascido de mulher, nascido debaixo da lei, a fim de redimir os que estavam sob a lei, para que recebêssemos a adoção de filhos. E, porque vocês são filhos, Deus enviou o Espírito de seu Filho aos seus corações, o qual clama: "*Aba*, Pai".

Outro exemplo está em 1Coríntios 6:11:

> Assim foram alguns de vocês. Mas vocês foram lavados, foram santificados, foram justificados no nome do Senhor Jesus Cristo e no Espírito de nosso Deus.

As palavras que foram usadas nesse versículo descrevem o impacto pessoal e coletivo, ou os afetos transformadores do próprio evangelho: Jesus redime, adota, envia o Espírito, santifica e justifica. Estes são os tipos de coisa que os apóstolos queriam indicar quando diziam que Cristo morreu "por nossos pecados".

Uma narrativa completa

Quem sabe você tenha notado isso enquanto lia os parágrafos A, B e C que acabei de citar, quem sabe você nem notou. Mas o que precisamos externar o mais rápido possível quando evangelizamos é que o evangelho do apóstolo Paulo falava de toda a vida de Jesus, ou daquilo que Brenda Colijn chama de "toda a carreira de Cristo":[6] *a narrativa de Jesus Cristo equivale a uma história completa e não se limita à história da Sexta-feira Santa.*

Independentemente do quanto a cruz esteja no centro da narrativa e do plano da salvação, precisamos manter em mente que essa narrativa transcende a história da cruz. Não foi só a morte de Jesus que aconteceu. Por conseguinte, fazem parte da narrativa de Jesus a sua vida (o nascimento, os ensinos, as suas obras), mas o destaque de Paulo se situa a partir da última semana para a frente. O parágrafo B conta a narrativa de Jesus em quatro linhas:

> a morte de Jesus
> o sepultamento de Jesus
> a ressurreição de Jesus
> e as aparições de Jesus.

Além disso, a narrativa de Jesus continuou além dessas aparições, e muitos (como eu) consideram bem adequado que o "evangelho" que Paulo recebeu e pregou e que os coríntios receberam não termina com o parágrafo B (no v. 5), mas continua até o final de tudo no parágrafo C (v. 20-28). Em outras palavras, existem razões para pensar que o evangelho de Paulo

---

[6] Colijn, *Images of Salvation*, p. 314.

Costumava frequentar um acampamento no verão que tinha o que eles chamavam tradicionalmente de "Noite da cruz". O padrão era exibir um vídeo bem chocante da morte de Cristo e, quando as emoções estavam à flor da pele, eles diziam a todos os presentes que, se eles quisessem aceitar Jesus, havia pessoas por toda a sala que o ajudariam nessa decisão. O vídeo se encerrava depois da morte de Jesus e nem se falava na ressurreição... Me ensinaram que fui salva por causa da morte de Jesus; a ressurreição era praticamente um bônus, e que todos deviam ter medo da segunda vinda de Cristo.

"Denise" – uma aluna.

incluía a ascensão de Jesus, a segunda vinda de Cristo e a consumação total do reino quando Deus se torna tudo em todos.

É comum nos dias de hoje destacar a morte de Jesus como algo reconciliador, perdoador, expiador, propiciador, redentor, resgatador e justificador; pouca atenção é dada no evangelismo ao sepultamento, à ressurreição, às aparições ou à consumação final. O nosso exemplo anterior do "pastor Eric" é perfeito, porque ele acha que nada além da morte (e da ressurreição) importa para o próprio evangelho. Devido ao fato de possuirmos uma tendência a ignorar todas as coisas com exceção da morte de Jesus, com um possível olhar na ressurreição, deixe-me falar um pouco sobre cada um dos outros elementos.

O *sepultamento* de Jesus consiste na preparação para a ressurreição, mas é imprescindível ouvir coisas como Atos 2:29, em que Pedro diz que Davi foi sepultado e lembra seus ouvintes que o túmulo de Davi se achava perto deles em Jerusalém. Em seu sepultamento, Cristo assumiu completamente a nossa morte, e, por ocasião desse sepultamento, a Igreja ensina que Cristo visitou/resgatou os prisioneiros no inferno (cf. 1Pedro 3:18-22).[7]

A *ressurreição* evoca uma teologia da justificação (Romanos 4:25) e até mais sobre a intervenção escatológica de Deus dentro do espaço e do tempo — a nova criação (2Coríntios 5:17) e a chegada da ressurreição geral final.[8] As aparições se referem a uma ressurreição real e corporal (veja

---

[7] A Igreja Oriental se aprofundou nisso muito mais do que qualquer outra tradição. Recomendo o resumo excepcional das questões e dos textos na obra do Arcebispo Hilarion Alfeyev, *Christ the Conqueror of Hell: The Descent into Hades from an Orthodox Perspective* (Crestwood, NY: St. Vladimir's Seminary Press, 2009).

[8] Sinto-me tentado a me envolver em páginas de explicações sobre a realidade escatológica, ou sobre o "agora, mas ainda não", que é tão influente em boa parte

o capítulo 21 de João) e são uma apologética profunda para a crença da ressureição, e a exaltação, a segunda vinda e a consumação final revelam uma teologia de Jesus como Senhor, Juiz e Deus, como tendo um plano para a história que chega ao seu destino depois dessa longa jornada, quando todas as coisas passam a estar no devido lugar em meio ao governo de Deus. O que isso quer dizer é que o evangelho consiste em uma narrativa que engloba toda a vida de Jesus, e não se limita a uma redução da vida dele à Sexta-Feira da Paixão. A meu ver, os soterianos só possuem um evangelho da Sexta-feira Santa.

O Jesus do evangelho

Existe uma Pessoa bem na essência do evangelho de Paulo, e enquanto essa pessoa não for colocada no ponto mais central possível no seu evangelho, não há como compreender de forma adequada o evangelho paulino — ou, melhor dizendo, o evangelho dos apóstolos. A narrativa do evangelho de Jesus Cristo não passa de uma narrativa sobre o Jesus que é Filho, Messias e Senhor. Às vezes, as pessoas se esquecem que "Cristo" é a tradução grega da palavra hebraica *Messias*. A palavra Messias significa "Rei ungido", "Senhor" e "Governante". O sentido da Palavra "Senhor" é claro e a palavra "Filho" neste contexto significa com certeza o rei ungido de Israel, conforme se lê no segundo salmo. Portanto, o destaque aqui no evangelho é que Jesus é Senhor sobre tudo.

---

no mundo evangélico. Infelizmente, só me darei ao luxo de recomendar apenas algumas coisas para a reflexão sobre o assunto: de G. E. Ladd, *Teologia do Novo Testamento* (ed. rev.; D. A. Hagner, ed.; São Paulo: Ed. Hagnos, 2003) a J. Moltmann, *Teologia da Esperança* (São Paulo: Ed. Loyola, 2005), e *The Coming of God* (Minneapolis: Fortress, 2004).

Implicitamente, na teologia que ouvi muitas vezes, Jesus não precisava realmente ressuscitar, uma vez que sua missão era nos perdoar de nossos pecados, e isso foi realizado na cruz. A ressurreição era considerada teologicamente apenas para efeito de estilo. Quanto à ressurreição geral dos mortos, eu quase nunca ouvi nada sobre esse assunto. [...] de muitas maneiras, o evangelho que me foi ensinado não termina no mesmo lugar que termina o evangelho de Paulo.

"Jay" — um aluno.

Ele, no entanto, se torna rei por causa de uma batalha. Faz parte da narrativa de Jesus, conforme o parágrafo C, sua vitória triunfal sobre "todo domínio, autoridade e poder". Essa vitória tem consequências ainda mais amplas e profundas: Jesus, o Filho, o Messias e Senhor, também vencerá a "morte". Então, qualquer leitura do capítulo 15 de 1Coríntios imediatamente fixará nossas ideias em Jesus como centro da narrativa.

Uma das expressões favoritas da centralidade de Jesus no evangelho pode ser encontrada em 2Coríntios 1:18-22, em que Paulo nos conta que as promessas bíblicas e inseridas na narrativa por Deus se tornaram um "Sim" retumbante em Jesus, e devemos crer nelas dizendo "Amém!".

> [...] como Deus é fiel, nossa mensagem a vocês não é "sim" e "não", pois o Filho de Deus, Jesus Cristo, pregado entre vocês por mim e também por Silvano e Timóteo, não foi "sim" e "não", mas nele sempre houve "sim"; pois quantas forem as promessas feitas por Deus, tantas têm em Cristo o "sim". Por isso, por meio dele, o "Amém" é pronunciado por nós para a glória de Deus. Ora, é Deus que faz que nós e vocês permaneçamos firmes em Cristo. Ele nos ungiu, nos selou como sua propriedade e pôs o seu Espírito em nossos corações como garantia do que está por vir.

Se eu tivesse que resumir o Jesus do evangelho, eu diria "Rei Jesus". Ou diria "Jesus é Senhor", ou "Jesus é Messias e Senhor". Por ser Rei, Messias e Senhor, Ele é quem nos salva e nos liberta "dos nossos pecados".

A conclusão de todos os finais

Por fim, os debates giram em torno de 1Coríntios 15:28, a última frase em nosso parágrafo C: "Quando, porém, tudo lhe estiver sujeito, então o próprio Filho se sujeitará àquele que todas as coisas lhe sujeitou, a fim de que Deus seja tudo em todos".

Uma coisa é clara e certeira: *essa narrativa terminará com Deus Pai na posição de Deus para todos, em todos e em meio a todos, e seu Filho sendo glorificado como aquele por meio do qual Deus será glorificado.* A essa altura, alcançamos a glória e o final da narrativa. Essa narrativa longa desde a criação até a consumação — do jardim até a cidade de Deus, da terra como o templo até o Cordeiro como o templo de Deus, a narrativa que marcha de Adão até Abraão, Moisés e Davi até Jesus, e que depois passa para a divulgação dessa narrativa, a narrativa do evangelho a respeito de Jesus — alcançará o seu objetivo quando Deus for para todos quem deveria ser.

Pode-se dizer que a consumação em 1Coríntios 15:28 completa a tarefa que Deus deu aos seres humanos no primeiro capítulo da Bíblia no sexto dia (a criação do homem). Eles receberam somente um encargo: o de governar este mundo como representantes de Deus. Portanto, conforme 1Coríntios 15:28, quando formos finalmente conectados com Deus nessa união eterna com Ele por meio de seu Filho, os seres humanos estarão fazendo exatamente o que Deus propôs para toda a sua criação. Ele será temido de forma digna de acordo com a pessoa que Ele é, de fato, e nós seremos o seu povo — e toda a história será sobre Deus.

O pastor Tom

Já o pastor Tom tem uma ideia bem diferente daquilo em que crê o pastor Eric. Olha que ele é um dos poucos que reexaminaram o que o Novo Testamento diz, de fato, a respeito do evangelho. O pastor Tom, que geralmente é chamado de Tom Wright ou de N. T. Wright, em um livro importante chamado *What Saint Paul Really Said* [O que são Paulo realmente disse], estuda o significado da palavra *evangelho* nos escritos de Paulo. Ele concentra toda sua munição no início do livro na ideia de que temos desenvolvido uma cultura da salvação prejudicial à cultura do evangelho:[9]

> Muitos cristãos hoje em dia, quando leem o Novo Testamento, nunca questionam o significado dessa palavra [evangelho], mas partem do princípio de que, já que possuem uma ideia a partir do seu próprio contexto a respeito desse significado, Paulo e os outros apóstolos necessariamente possuem a mesma ideia.

Tom passa a observar que essa palavra veio a ser entendida como a *ordo salutis*, o modo pelo qual ele expressou o plano de salvação,[10] e se espera que ele seja...

- uma descrição sobre como as pessoas recebem a salvação;
- a descrição do mecanismo teológico pelo qual isso acontece;
- na linguagem de algumas pessoas, Cristo leva nosso pecado e nós levamos a sua justiça [imputação dupla];
- na linguagem de outras pessoas, eu reconheço meu pecado, creio que Ele morreu por mim, e dedico minha vida a Ele.

---

[9] Todas as citações são de N. T. Wright, *What Saint Paul Really Said*, p. 39- 62.
[10] Para muitas pessoas, a *ordo salutis* indica a ordem particular dos acontecimentos no processo de salvação, e uma declaração reformada definitiva se encontra em J. Murray, *Redemption: Accomplished and Applied* (Grand Rapids: Eerdmans, 1955), em que essa ordem consiste em chamado, regeneração, fé/arrependimento, justificação, adoção, santificação, perseverança, união com Cristo e glorificação.

Depois disso, Tom prossegue dizendo o seguinte:

> [...] se você ouvir um sermão em que as reivindicações de Jesus Cristo [como Senhor] estão relacionadas às questões políticas ou ecológicas da época, algumas pessoas dirão que, bem, talvez o assunto seja interessante, mas "o evangelho" não foi pregado.

A nova série de observações que Tom tece coloca em uma prosa eloquente o que acabamos de descobrir sobre o que Paulo quer dizer com a palavra evangelho em 1Coríntios 15:

> Estou bastante familiarizado com o que as pessoas querem dizer quando usam a palavra "evangelho". Só não acho que seja o que Paulo queria dizer com ela. Em outras palavras, estou longe de negar que os sentidos comuns atribuídos a essa palavra sejam coisas que as pessoas devam dizer, pregar ou até mesmo crer. Simplesmente não usaria a palavra "evangelho" para as identificar.

Trata-se exatamente disso. Wright está apontando um dedo de repreensão para a ação de igualar o evangelho ao plano de salvação. Entretanto Wright, que está mais alinhado com os textos reais do Novo Testamento do que a maioria, sabe que a palavra *evangelho* não possui esse significado. Então, qual é o significado de evangelho para ele?

Para responder a essa pergunta, Tom começa a descrever dois contextos para o uso da palavra *evangelho*, inclusive tanto o conjunto poderoso de símbolos que Isaías usa como o evangelho característico do Império Romano. Para Paulo, a palavra evangelho está vinculada à narrativa de Israel ou da Bíblia no seu contexto romano. Mais do que isso, no contexto do primeiro século, a palavra evangelho consistia em um *anúncio*: "anunciar que YHWH era rei equivalia a anunciar que César não era".

Tom, porém, vai além, e, quando faz isso, parece refutar o Pastor Eric, e ele afirma claramente que o "evangelho" não equivale ao plano de salvação: então, "o evangelho não consiste em um sistema que mostra como as pessoas recebem a salvação. O anúncio do evangelho faz as pessoas serem salvas [...]. Mas o próprio 'evangelho', estritamente falando, consiste na proclamação narrativa do Rei Jesus". "Ou, para dizer de uma forma mais compacta ainda: Jesus, o Messias crucificado e ressuscitado, é Senhor". Algumas páginas depois, Wright explica esse sentido em uma acepção mais genérica e universal: "O 'evangelho' é, para Paulo, em sua própria essência, *um anúncio do Deus verdadeiro em contraposição aos deuses falsos*".

A pergunta que precisamos fazer é a seguinte: Qual pastor entende melhor o evangelho: o pastor Eric ou o pastor Tom? Qual deles está mais próximo daquilo que o Novo Testamento realmente diz? Antes disso, vamos ler a respeito de outro pastor.

O pastor Greg

Começamos este capítulo perguntando de onde devíamos começar, e insistimos que, de forma singular, o lugar mais importante para começar é o capítulo 15 de 1Coríntios. Minha opinião é essa, e, no capítulo seguinte, a sabedoria desta escolha ficará bem clara. Mas é óbvio que as outras pessoas possuem outros pontos de partida. O pastor Greg Gilbert, que é um pastor-mestre na Capitol Hill Baptist Church em Washington, D.C., tem um livro novo e excepcionalmente claro chamado *O que é o evangelho?*. Gilbert acredita que o ponto de partida é o livro de Romanos, especialmente os capítulos 1—4.[11] Na prática, o evangelho de Gilbert nada mais é que aquele que aprendi quando criança como a estrada de Romanos para a salvação, e o pastor Greg e o pastor Eric mais concordam do que discordam quanto ao que seja o sentido do evangelho.

O evangelho de Gilbert equivale ao plano da salvação, e, por causa disso, ele se detém em quatro pontos nos capítulos 1 a 4 de Romanos: o primeiro é que o homem presta contas diante de Deus, o que surge de sua leitura do capítulo 1 de Romanos, em especial. O segundo é que o problema dos seres humanos consiste em terem se rebelado contra Deus, e aqui ele se atém a Romanos 1:23; 2:1; 3:9, 19; e, é claro, Romanos 3:23. O terceiro é que a solução para o problema de rebelião da humanidade consiste na morte sacrificial e na ressurreição de Jesus, e nenhuma passagem em todo o testemunho da Bíblia é melhor para expressar isso que Romanos 3:21-26. Além disso, o quarto ponto se constitui no fato de que o homem pode ser incluído nessa salvação somente pela fé, e novamente encontramos isso na passagem mais fundamental das cartas de Paulo, em Romanos 3:22. Concordo plenamente com tudo isso. Entretanto, a pergunta que devemos fazer é a seguinte: será que este é o plano da salvação ou o evangelho apostólico como um todo?

Não temos tempo aqui para nos envolvermos em uma longa discussão sobre todos os itens que escrevi como observação nas margens enquanto lia o livro de Gilbert em duas ocasiões diferentes, mas tecerei alguns comentários. O primeiro é que Gilbert não está sozinho, mas ele consiste em um

---

[11] Greg Gilbert, *O que é o evangelho* (São José dos Campos, Sp: Ed. Fiel, 2018). As críticas no parágrafo seguinte vêm de todas as partes do livro.

exemplo excepcionalmente claro de equiparação do evangelho com o plano de salvação. Acredito que isso não passa de um equívoco.

Além disso, acredito que a questão fundamental com a qual Paulo está lidando em Romanos não trata simplesmente da questão da salvação pessoal, mas do problema de como Deus une os crentes judeus com os gentios em uma única Igreja de Jesus Cristo. Igualmente, Gilbert ignorou a santidade de Deus e praticamente ofuscou o amor gracioso de nosso Pai (leia o nosso segundo capítulo para ver esse destaque exagerado).

Além disso, Gilbert teria feito bem se desse uma atenção maior a Romanos 1:1-5. Esse é o modo pelo qual começa o livro de Romanos, e esses versículos iniciais mostram que o entendimento que Paulo tem do evangelho se encaixa naquilo que é dito no capítulo 15 de 1Coríntios: trata-se de uma declaração da narrativa de Jesus como Rei e Senhor. Observe a ênfase na narrativa de Israel sendo complementada como a que define a natureza do evangelho:

> Paulo, servo de Cristo Jesus, chamado para ser apóstolo, separado para o evangelho de Deus, *o qual foi prometido por ele de antemão por meio dos seus profetas nas Escrituras Sagradas, acerca de seu Filho*,[12]

> [Agora observe o tema de Jesus como o Messias davídico:]

> que, como homem, era descendente de *Davi*,

---

[12] Não existe nada em itálico no texto da NVI, portanto todos esses destaques nas citações foram acrescentados ao texto para chamar a atenção para alguns elementos.

[Observe como Paulo rapidamente associa a ressurreição e o fato de que Jesus é Senhor ao evangelho]

e que mediante o Espírito de santidade foi *declarado Filho de Deus com poder, pela sua ressurreição dentre os mortos: Jesus Cristo, nosso Senhor.*

[E esse tema do senhorio é explicado por Paulo, conforme vemos constantemente em suas pregações registradas em Atos dos Apóstolos, para destacar que o evangelho é para judeus e gentios, para que eles se tornem uma Igreja santa:]

Por meio dele e por causa do seu nome, recebemos graça e apostolado para chamar dentre todas as *nações* um povo para a obediência que vem pela fé. E vocês também estão entre os chamados para pertencerem a Jesus Cristo.

Por favor, reconheçam que não estou dizendo que as explicações de Gilbert a respeito de pontos específicos estão equivocadas, embora eu estruture as coisas de modo diferente. O que estou dizendo é que Gilbert começa no lugar errado porque ele iguala o evangelho à salvação — o plano da salvação — e, por causa disso, não consegue enxergar o evangelho fundamental como uma declaração sobre Jesus Cristo como a resolução da narrativa do evangelho. Ele processou a narrativa pela interpretação que privilegia o plano da salvação, mas o evangelho do capítulo 15 de 1Coríntios processa o evangelho sob o prisma da narrativa de Israel, encontrando a sua base em Jesus Cristo. Ao fazer isso, Gilbert omitiu camadas fundamentais do evangelho.

Em acréscimo, gostaria de destacar que vejo os mesmos princípios importantes do evangelho em Romanos que Gilbert vê. Vejo todo esse livro como uma "evangelização" ou uma "evangelização" com base na narrativa de Israel, já que ela influencia em como entendemos (1) o relacionamento entre judeus e gentios desde que Jesus foi exaltado à direita de Deus, e (2) a natureza dessa salvação que flui da proclamação evangélica de que Jesus é Messias e Senhor tanto para os judeus como para os gentios. Nas palavras eloquentes de Tom Wright que citei anteriormente:

> Estou bastante familiarizado com o que as pessoas querem dizer quando usam a palavra "evangelho". Só não acho que seja o que Paulo queria dizer com ela. Em outras palavras, estou longe de negar que os sentidos comuns atribuídos a essa palavra sejam coisas que as pessoas devam dizer, pregar ou até mesmo crer. Simplesmente não usaria a palavra "evangelho" para as identificar.

Resumo

Chegou a hora de sintetizar este capítulo: para o apóstolo Paulo, o evangelho consiste na revelação da salvação pela narrativa de Jesus, que é Messias, Senhor e Filho, que complementa a narrativa de Israel que se encontra nas Escrituras do Antigo Testamento. O ato de "evangelizar" se constitui em declarar esta narrativa, e consiste em uma narrativa que salva as pessoas de seus pecados. Ela é a única narrativa estruturadora se quisermos ser apostólicos na forma de apresentar o evangelho. Podemos estruturar o "evangelho" com outras narrativas ou categorias, mas só existe uma narrativa santa e apostólica, que é a narrativa de Israel. Essa é a narrativa que estrutura o evangelho apostólico.

Essa narrativa começa na criação e só se completa em sua totalidade na consumação, em que Deus passa a ser tudo em todos. Este é o evangelho de Paulo, e, embora inclua e abranja o plano da salvação e deixe em aberto como se criar um método de persuasão, esse evangelho não pode ser limitado ou igualado ao plano da salvação. As quatro linhas do evangelho de Paulo falam da narrativa de Jesus. Toda vez que Paulo menciona o "evangelho" em suas cartas (e ele faz isso cerca de 75 vezes), ele está se referindo a esse evangelho de quatro linhas. Além disso, muitas vezes ele utiliza essa expressão de forma simplificada ao dizer simplesmente "evangelho" ou "meu evangelho" ou "evangelho da salvação" ou até mesmo "Cristo crucificado". Mas ele sempre dá a entender esse evangelho — o evangelho da narrativa completa e salvadora de Jesus que traz a resolução à narrativa de Israel, que nós encontramos de forma resumida no capítulo 15 de 1Coríntios e que depois é explicada de forma completa nos próprios Evangelhos (falaremos sobre isso mais adiante).[13]

Isso leva a um alerta, que consiste em algo que inspira boa parte deste livro: o plano da salvação pode ser pregado fora da narrativa, e isso tem sido feito por quinhentos anos, ou até mesmo nos últimos dois mil anos. Quando o plano é desvinculado da narrativa, ele se torna abstrato,

---

[13] Um estudo excelente sobre o uso de expressões resumidas da parte de Paulo encontra-se no livro de Margaret M. Mitchell, "Rhetorical Shorthand in Pauline Argumentation: The Functions of 'The Gospel' in the Corinthian Correspondence", em *Gospel in Paul: Studies on Corinthians, Galatians and Romans for Richard N. Longenecker* (ed. L. Ann Jervis e Peter Richardson; Sheffield: Sheffield Academic Press, 1994), p. 63- 88.

proposicional, lógico, racional e filosófico, e, de forma mais importante, perde seu contexto e sua base bíblica. Quando separamos o plano da salvação de sua narrativa, nos destituímos da narrativa que nos identifica e conta o nosso passado e o nosso futuro. Nós nos separamos de Jesus e fazemos com que a fé cristã se torne um sistema de salvação.

Tem mais. Somos tentados a transformar a narrativa daquilo que Deus está fazendo neste mundo por meio de Israel e de Jesus Cristo em uma narrativa que gira *em torno de mim mesmo e da minha salvação pessoal*. Em outras palavras, esse plano consegue alienar a narrativa a respeito de Deus, do Messias de Deus e do povo de Deus, transformando-a em uma narrativa sobre Deus e uma pessoa — eu mesmo — e, dessa maneira, a narrativa muda de Cristo e da sua comunidade para o individualismo. Precisamos da última sem nos descartarmos da primeira.

A separação do plano da sua própria narrativa leva a uma cultura da salvação que é moldada completamente por "quem é salvo e quem não é". Essa cultura é importante, tanto que acredito na salvação na pessoa de Cristo. Mas essa cultura é criada por Deus de modo que acabe se constituindo em uma subcultura, não na cultura dominante. Essa cultura dominante é a cultura do evangelho, e essa cultura do evangelho é moldada pela narrativa de Israel e pela narrativa de Jesus Cristo, e que vai da criação à consumação, uma narrativa que não fala somente sobre a salvação pessoal, mas sobre Deus ser "tudo em todos". Ela conta a história de que Jesus, sem que se considere nenhum outro governante, é Senhor sobre todos.

A essa altura, você deve estar fazendo a pergunta seguinte: como esse plano de salvação tomou o lugar do evangelho? Para responder a essa pergunta temos que ir além do Novo Testamento e fazer uma viagem pelos séculos da história da Igreja. Já que sou perguntado tantas vezes a respeito disso, temos que separar algum tempo para refletir exatamente sobre esta pergunta antes de retornarmos ao Novo Testamento.

5

Como a salvação tomou o lugar do evangelho?

EU NÃO CRESCI EM UM mundo que se baseia em credos. Minha igreja era tão apreensiva a respeito de credos e de recitar credos e orações que evitávamos até mesmo recitar o Pai-Nosso juntos. Deus teria jogado raios sobre nós se ousássemos recitar o Credo dos Apóstolos. O clima ficava tenso quanto qualquer credo que fosse além da frase "Eu creio na Bíblia". Portanto, tive que superar as barreiras da minha própria consciência quando comecei a aprender sobre os credos. Passei finalmente a aceitá-los só depois de um estudo descomunal, muita reflexão, oração e suspeita. Entretanto, agora vejo os credos, principalmente o Credo Niceno-Constantinopolitano, como fundamental para a fé de todos os cristãos.

Existe, contudo, algo bem mais importante a se aprender sobre os credos do que simplesmente reconhecer que eles fazem parte da nossa herança. Uma atenção mais cuidadosa às palavras me convenceu de que as palavras "credo" e "evangelho" estão profundamente interligadas, portanto, de forma profunda, pode-se dizer que o credo é o evangelho. Isso ficará cada vez mais claro até o final deste capítulo.

Apesar de eu ter noção das palavras usadas no credo por um bom tempo, foi só quando li um livro de Ted Campbell intitulado *The Gospel in Christian Tradition* [O Evangelho na tradição cristã] que a realidade histórica sobre os credos e o evangelho conseguiu penetrar nos meus ossos e me trouxe uma vida nova para a minha fé pessoal.[1] Depois de ler Ted Campbell, eu li (ou degustei lentamente) o livro *Credo* de Jaroslav Pelikan.[2] Tanto Campbell quanto Pelikan estudam o quanto os cristãos mais antigos encaixaram aquilo que criam naquilo que agora é chamado de "Regra de Fé" (em latim, *regula fidei*). Assim sendo, essa Regra de Fé foi se desenvolvendo ao longo dos anos para se tornar os três credos principais da fé cristã: o Credo dos Apóstolos, o Credo de Niceia e o Credo de Calcedônia. Ao estudar esta história, acabei me deparando com algo que acho que a maioria dos cristãos não sabem — que os cristãos mais primitivos estavam desenvolvendo uma "cultura" do evangelho. De forma resumida, o quadro geral do que explicaremos neste capítulo é o seguinte:

O capítulo 15 de 1Coríntios levou ao desenvolvimento da Regra de
   Fé, e

---

[1] Ted Campbell, *The Gospel in Christian Traditions* (New York: Oxford, 2009).
[2] Jaroslav Pelikan, *Credo: Historical and Theological Guide to Creeds and Confessions of Faith in the Christian Tradition* (New Haven, Ct: Yale Univ. Press, 2003).

a Regra de Fé levou ao Credo dos Apóstolos e ao Credo de Niceia.
Portanto, 1Coríntios levou ao Credo de Niceia.
Logo, o Credo de Niceia é proeminentemente uma declaração do evangelho!

No entanto, a estruturação do credo no formato do evangelho foi reformulada posteriormente — e essa revisão fez a cultura do evangelho passar a ser uma cultura da salvação.

Ao estudar esta história e todo esse desenvolvimento, comecei a constatar essa observação simples: *os credos universais clássicos (ou "católicos") da Igreja partem da articulação que Paulo faz do evangelho em 1Coríntios 15:3-5*, ou do parágrafo B, conforme apresentei anteriormente. Aqui estão novamente as palavras de Paulo:

> Pois o que primeiramente lhes transmiti foi o que recebi: que Cristo morreu pelos nossos pecados, segundo as Escrituras, foi sepultado e ressuscitou ao terceiro dia, segundo as Escrituras, e apareceu a Pedro e depois aos Doze.

Deixe-me dizer tudo isso com um destaque maior: os credos articulam o que se acha tanto de forma clara quanto implícita na declaração grandiosa do evangelho no capítulo 15 de 1Coríntios. Deve-se enfatizar este ponto porque pode ser que muitos cristãos nem mesmo saibam disso: *o capítulo 15 de 1Coríntios se constitui na gênese dos grandes credos cristãos*. Isso significa que esses credos não foram criados do início ao fim como uma espécie de exercício lúdico simples de doutrinas especulativas que circulassem pela Igreja, *mas foram moldados para explicar o próprio evangelho*. Pode-se dizer de forma precisa que o Credo de Niceia consiste em uma *exegese* ou em uma *exposição* da tradição evangélica de Paulo no capítulo 15 de 1Coríntios. Trata-se de uma observação simples que merece uma centena de qualificações, uma vez que se penetra na intensidade dos debates dos quatro primeiros séculos, e uma vez que se engaja na complexidade das questões envolvidas. Não houve simplesmente uma linha reta do capítulo 15 de 1Coríntios até Niceia, mas essa linha ainda continua passível de ser observada.

Sempre encontrei pessoas que anunciam corajosamente que "não adotam nenhum credo" e até chegam a dizer que "não creem nos credos" por causa daquilo que dizem ao complementar a frase: "porque eu creio na Bíblia". Eu respondo com a pergunta seguinte, e acho que a faço porque eu também estava entre os que falavam dessa maneira: "Em que linha ou em que linhas do Credo de Niceia você *não* crê?" Nunca vi ninguém dizer que não criam em nenhuma parte dele, embora alguns tivessem algum fundamento em não depositar sua confiança nos credos se realmente afirmarem que as palavras "igreja una, santa, católica e apostólica" se refere a "Roma", e, já que eles não são católicos, questionam se realmente acreditam nessas palavras. No entanto, salvo essa breve exceção, não há nada nesse credo em que *não se deva acreditar*. De fato, a negação dos credos equivale a negar o próprio evangelho porque o que os credos buscam fazer é destacar o que *já está no evangelho da Bíblia*. Passo agora a demonstrar o motivo pelo qual digo isso.

A história de Paulo até Niceia

Vamos começar com um dos teólogos e mártires mais antigos, que se chamava Inácio de Antioquia. Em sua viagem — que pode ser chamada de "marcha de triunfo" — por toda a Turquia (Ásia Menor) até Roma para ser entregue à morte,³ Inácio escreveu sete cartas para as igrejas da Ásia Menor. Na Carta aos Tralianos 9:1-2, ele expressa o que acredita a respeito de Jesus Cristo:

> que é da descendência de Davi por parte de Maria,
> que verdadeiramente nasceu, comeu e bebeu,
> que foi verdadeiramente perseguido sob Pôncio Pilatos,
> que foi verdadeiramente crucificado e morreu diante dos seres do céu, da terra e de debaixo da terra,
> que também verdadeiramente ressuscitou.

Embora Inácio não estivesse citando claramente o capítulo 15 de 1Coríntios, suas palavras possuem uma semelhança incrível com o resumo que Paulo fez da narrativa de Jesus. Essas palavras não poderiam ser escritas dessa forma sem que Paulo as dissesse daquela maneira e sem que os apóstolos formassem essa "tradição do evangelho" que eles transmitiram. De fato, existem palavras e ideias neste relato que não estão no resumo de Paulo, e realmente Inácio está interagindo tanto com tendências judaizantes como docéticas, que o levam a expressar o evangelho em termos da paixão (*páthos*) e da ressurreição de Cristo.⁴ Mas pode-se dizer que Inácio deixa claro o que ele achava estar implícito no evangelho apostólico.

Em cerca de 190 d.C., Irineu estruturou a *regula fidei* mais antiga e mais clara, e suas palavras também demonstram uma semelhança incrível com as palavras do apóstolo Paulo, e destaquei esses ecos apostólico em itálico:⁵

---

³ Em uma data próxima ao ano 110 d.C.
⁴ Sobre Inácio, veja C. T. Brown, *The Gospel and Ignatius of Antioch* (New York: Peter Lang, 2000).
⁵ Irineu, *Contra as heresias* 1.10.1.

> [...] a seguinte fé: em um Deus, Pai Todo-Poderoso, que criou os céus e a terra e os mares e tudo que neles há; e em um Cristo Jesus, o Filho de Deus, que se fez carne para a nossa salvação; e no Espírito Santo, que revelou aos profetas o plano da salvação, *e a vinda à terra, o nascimento virginal, a paixão e a ressurreição dentre os mortos, e a ascensão corporal ao céu do amado Cristo Jesus, nosso Senhor, e sua aparição futura do céu na glória do Pai para reunir todas as coisas e renovar toda a carne de toda a raça humana*.

Do mesmo modo que Paulo ensina, toda a vida de Jesus está envolvida: a encarnação "para a nossa salvação", o nascimento, a paixão, a ressurreição, a ascensão corporal, e a sua aparição futura. Também da mesma forma que Paulo, Irineu percebe uma narrativa que possui um objetivo: "reunir todas as coisas e renovar toda a carne de toda a raça humana". Essa *regula fidei*, ou credo de Irineu, é moldada pelo evangelho de Paulo. Os credos e os Evangelhos estão interligados.

Cerca de uma década depois, Tertuliano, outro teólogo primitivo, providenciou outro credo que vem da declaração de Paulo. Mencionarei as palavras de Tertuliano, e, embora ele extraia algum material do Evangelho de João, eu coloquei em itálico as palavras que revelam o vínculo com a declaração do evangelho de Paulo no capítulo 15 de 1Coríntios:[6]

> Nós, no entanto, como de fato sempre fizemos e, de forma mais específica, desde que recebemos melhores instruções do Paracleto, que realmente leva os homens a toda a verdade, acreditamos que há um só Deus, mas, debaixo da dispensação seguinte, ou *oikonomia*, conforme é chamada, que este único Deus também tem um filho,

---

[6] Tertuliano, *Contra Práxeas* 2. Veja também *O véu das virgens* 1.

Sua Palavra, que procedeu de si mesmo, pelo qual todas as coisas foram feitas, e sem Ele nada do que foi feito se fez.

É Ele que acreditamos ter sido enviado pelo Pai ao ventre de Maria, e ter nascido dela — sendo tanto homem como Deus, Filho do Homem e Filho de Deus, e ter sido chamado pelo nome de Jesus Cristo: *acreditamos que Ele sofreu, morreu e foi sepultado, segundo as Escrituras, e, depois de ter ressuscitado pelo Pai e ascendido ao céu, se encontra à direita do Pai, e que Ele virá para julgar os vivos e os mortos*; que também enviou do céu, da parte do Pai, de acordo com sua própria promessa, o Espírito Santo, o Paracleto, o santificador da fé daqueles que creem no Pai, no Filho e no Espírito Santo.

Que essa regra de fé veio a nós desde o princípio do evangelho, mesmo antes de todos os hereges mais antigos, bem antes de Práxeas, um falso mestre antigo, será aparente tanto pela natureza recente que marca todas as heresias, e também pelo caráter totalmente inusitado de nosso inovador Práxeas.

Uma observação notável permanece: no terceiro parágrafo, Tertuliano afirma que essa "regra de fé" (outra vez a expressão *regula fidei*) chegou até ele — que ele "recebeu" da mesma forma que Paulo e os coríntios — "do princípio do evangelho". Esse é um vínculo implícito à própria declaração de Paulo e à tradição apostólica do evangelho. Reafirmo que os credos e o evangelho estão interligados.

Existe mais um antes de chegarmos ao Credo de Niceia, e esse vem de Hipólito, que é de uma ou duas décadas depois de Tertuliano.[7] Um

---

[7] Existe uma discussão séria a respeito das origens e da autoria no livro *Tradição Apostólica*; para a acompanhar na íntegra, veja P. F. Bradshaw, M. E.

candidato ao batismo, completamente despido, na ordem das crianças, dos homens e depois das mulheres, recebia uma série de perguntas, e depois o candidato ou a pessoa que estava sendo batizada tinha que fazer uma confissão. Em linhas gerais, esse é o ato sagrado de ser perguntado antes de o batismo ser permitido:

> [Você crê em Deus Pai Todo-Poderoso?]
> Você crê em Jesus Cristo, Filho de Deus, que nasceu do Espírito Santo e da Virgem Maria, foi crucificado sob Pôncio Pilatos, que morreu, foi sepultado e ressuscitou ao terceiro dia, vivo de entre os mortos, e ascendeu ao céu, e se assentou à direita do Pai, e virá para julgar os vivos e os mortos?
> Você crê no Espírito Santo, na santa Igreja, e na ressurreição do corpo?[8]

Observe novamente que a confissão que se exigia para o batismo era baseada na declaração que Paulo fez no capítulo 15 de 1Coríntios, mostrando novamente que existe essa união entre os credos e o evangelho.

Possivelmente o que é mais notável a respeito da declaração de Paulo é que ele falava quase na sua totalidade em Jesus Cristo, enquanto a tradição dos credos que foi crescendo foram se tornando cada vez mais trinitárias, já que ela preenchia os requisitos daquilo que era pressuposto (ou crido como sugerido) pelo evangelho apostólico original.[9] Entretanto, o que é

Johnson, e L. E. Phillips, *The Apostolic Tradition* (Hermeneia; Minneapolis: Fortress, 2002).

[8] Hipólito de Roma, *Tradição Apostólica* 21.

[9] Veja Justino Mártir, *Primeira apologia* 61, e *Epístola dos apóstolos*, e a abordagem moldada pela narrativa de Ireneu, *Demonstração da pregação apostólica* 3, que

COMO A SALVAÇÃO TOMOU O LUGAR DO EVANGELHO? 101

mais notável ainda é o seguinte: aquilo que é chamado de segundo artigo do credo, as linhas a respeito de Jesus, são sempre moldadas por aquilo que Paulo disse sobre o evangelho em 1Coríntios 15:1-5, 20-28. Esse capítulo não se constituía em nenhuma afirmação casual da parte de Paulo; tratava-se da definição apostólica do evangelho que o próprio Paulo transmitiu juntamente com os outros apóstolos.

Chegamos, por fim, ao Credo de Niceia (325 d.C.),[10] e bastam alguns segundos para observar que as frases a respeito do Filho se baseiam no capítulo 15 de 1Coríntios.

> Cremos em um só Senhor Jesus Cristo,
> o unigênito Filho de Deus,
> gerado pelo Pai antes de todos os séculos,
> Luz da Luz, verdadeiro Deus de verdadeiro Deus,
> gerado, não criado,
> de uma só substância com o Pai,
> pelo qual todas as coisas foram feitas;
> o qual, por nós homens e por nossa salvação,
> desceu dos céus,
> foi feito carne pelo Espírito Santo e da Virgem Maria,
> e tornou-se homem,
> e foi crucificado por nós sob Pôncio Pilatos,
> e padeceu a morte e foi sepultado
> e ressuscitou ao terceiro dia,

---

estrutura o evangelho com base na série de acontecimentos do capítulo 15 de 1Coríntios. Veja também o seu livro *Contra as heresias* 1.49.

[10] Veja Lewis Ayres, *Nicaea and Its Legacy: An Approach to Fourth-Century Trinitarian Theology* (Oxford: Oxford Univ. Press, 2006).

conforme as Escrituras,
e subiu aos céus e assentou-se à direita do Pai,
e de novo há de vir com glória para julgar os vivos e os mortos, e o seu reino não terá fim.

Esse mesmo vínculo com o capítulo 15 de 1Coríntios é visto no segundo artigo no Credo Apostólico:[11]

> [...] e [creio] em Jesus Cristo, seu único Filho, nosso Senhor, o qual foi concebido por obra do Espírito Santo; nasceu da virgem Maria; padeceu sob o poder de Pôncio Pilatos, *foi crucificado, morto e sepultado; desceu ao inferno; ressurgiu dos mortos ao terceiro dia; subiu ao Céu; está sentado à direita de Deus Pai Todo-poderoso, donde há de vir para julgar os vivos e os mortos.*

Pode-se dizer muito mais coisas sobre esse esboço da história dos credos, mas é necessário observar ainda o seguinte: *o Credo de Niceia, bem como as* regula fidei *que levaram a ele, e os credos que se basearam em Niceia, não devem ser vistos como exercícios de sofisticação teológica ou de especulação, mas como acontecimentos profundos de evangelização.* Para estes cristãos primitivos, recitar o credo não consistia em explorar conceitos teológicos misteriosos, mas em articular e confessar — em voz alta e com

---

[11] Situado no final do manuscrito Códice E do NT; na obra de Ambrósio; nos Sermões 213 e 215 de Agostinho; nos Sermões 57-62 de Pedro Crisólogo, bispo de Ravena (400-450); e depois completamente no comentário de Rufo de Aquileia sobre ele (cerca de 404 d.C.). De L. T. Johnson, *The Creed: What Christians Believe and Why it Matters* (New York: Doubleday, 2003), p. 31.

frequência — o próprio evangelho. Negar esses credos implicava em negar o evangelho.

Viajamos por uma distância considerável da carta de Paulo aos coríntios em meados do primeiro século até Niceia no século 4, mas tivemos que atravessar esse horizonte para esclarecer duas ideias: o evangelho é a narrativa de Jesus como a conclusão da narrativa de Israel conforme se encontra nas Escrituras, e essa narrativa do evangelho formou e moldou a cultura dos cristãos primitivos. Essa cultura foi, acima de tudo, moldada por este evangelho, e, dentro dessa cultura do evangelho foi formada uma subcultura da salvação. Aqueles que eram salvos eram aqueles que abraçavam a narrativa do evangelho de Jesus Cristo.

Entretanto, não quero sugerir que as igrejas primitivas eram perfeitas, nem que os quatro primeiros séculos tenham sido os ideais. Nunca houve uma igreja ideal, porque o ideal equivale ao reino, e ele ainda está por vir. Na verdade, essas igrejas primitivas tinham os seus próprios tipos de problema, inclusive debates teológicos que, de algum modo, conseguiram — contra todas as declarações de amor, de paz e de justiça do evangelho — infligir castigo e até mesmo a pena de morte sobre os dissidentes. Suas disputas chegaram a um nível tão alto de aspereza que a unidade da Igreja que eles confessaram passou a ser um desejo em vez de uma realidade. Eles estabeleceram um processo sacramental que com muita frequência tornava a salvação algo automático para aquele que se batizava. Eles se renderam a Constantino de tal maneira que a Igreja e o Império Romano se tornaram um muro invisível de indiferença. As "Cruzadas" são tudo o que falam delas, mesmo havendo detalhes meticulosos que foram revelados atualmente sobre o que aconteceu (ou não aconteceu).

Também não quero sugerir que a cultura do evangelho tenha criado uma linda igreja evangélica ou um número esmagador de discípulos verdadeiros de Jesus. Tudo o que quero demonstrar é que os quatro primeiros séculos foram moldados por uma cultura do evangelho que vinha direta e profundamente da tradição apostólica do evangelho. No entanto, algo aconteceu que levou à percepção superficial atual do evangelho e à redução da salvação à decisão pessoal e que acabou tirando de cena a cultura do evangelho de Jesus e dos apóstolos.

Então, como fomos dessa cultura do evangelho para a nossa cultura da salvação?

O que aconteceu?

Agora você pode estar se perguntando como eu mesmo me perguntei várias vezes: *O que aconteceu?* Como desenvolvemos uma cultura de salvação a partir da cultura do evangelho? Como é que os evangélicos passaram a ser "soterianos"? Ou, quando o "evangelho" passou a significar o plano da salvação? Isso começou de várias formas com Agostinho, mas o seu início mais preciso foi na Reforma, embora não tenha acontecido durante ela. Podemos indicar os próprios documentos que tanto apresentam as provas da mudança que estava acontecendo como mostram a base para a criação da cultura da salvação. Esses dois documentos, um do lado luterano e um do lado calvinista-reformado, são a Confissão de Augsburgo e Confissão de Genebra.

Mas antes de chegarmos a eles, vai a minha própria confissão. Deixando de levar em conta toda a insensatez inevitável que acompanha tudo o que o ser humano faz, inclusive as decisões terríveis de Calvino que levaram Serveto à fogueira, as crenças miseráveis de Lutero sobre os judeus e suas decisões terríveis a respeito dos anabatistas, e as tendências deploráveis dos sectários anabatistas de se acharem o único povo de Deus, acredito que a Reforma foi uma obra divina profunda que tanto avivou a Igreja como mudou a história da Europa Ocidental para melhor. A contribuição singular da Reforma, em todas as suas três direções — luterana, reformada e anabatista —, foi que o eixo gravitacional do evangelho foi mudado para a reação humana e para a responsabilidade pessoal e o desenvolvimento do evangelho como expressão dessa responsabilidade.

Não escrevo isso ignorando as diferenças importantes e reais entre esses três movimentos, mas para dizer que o que surgiu em todos eles foi um senso profundo da necessidade da salvação pessoal. Não quero dizer que isso não existia no catolicismo romano; pelo contrário, a Reforma disse, na prática, que o "evangelho" deve levar à salvação pessoal — e o resto é história.

Mas, com essa ênfase, independentemente do quanto ela era importante e continua sendo, houve um preço a ser pago. A cultura do evangelho começou a mudar para uma cultura da salvação. A equiparação contemporânea entre a palavra evangelho e o plano da salvação ocorreu por causa de incidentes que aconteceram durante a Reforma e depois dela. Eu também sei que ela não aconteceu durante a própria Reforma, mas como resultado de sua reestruturação do evangelho apostólico que se transformou em credo.

Agora, de forma breve, apresentarei os dois documentos que acabei de mencionar. Começo com a Confissão de Augsburgo. As declarações da Reforma se concentraram nos elementos da fé cristã que levaram às suas divergências da Igreja Católica, mas, ao fazer isso, as igrejas reformadas não negaram o Credo de Niceia. Em vez disso, elas reformularam a fé, o que lhes providenciou uma lente através da qual passaram a encarar o próprio credo.

Em 1530, Filipe Melâncton apresentou a Carlos V na Dieta de Augusburg uma confissão que se baseou em conclusões a que os protestantes luteranos haviam chegado. Chamo a atenção agora à ordem e ao teor dessa confissão, que deve ser vista em contraposição à ordem e ao teor clássicos do Credo de Niceia. Niceia estruturou as coisas em torno de Deus Pai, Deus Filho e Deus Espírito Santo, e os artigos vieram do capítulo 15 de 1Coríntios. Já a Confissão de Augsburgo converteu a ordem dos "artigos" em seções sobre a *salvação* e sobre a *justificação pela fé*. É exatamente neste ponto que a "cultura do evangelho" foi remodelada em uma "cultura da salvação" ou, melhor ainda, em uma "cultura da justificação". As categorias centrais da confissão luterana são as seguintes:

O Deus Triúno [do mesmo modo que Niceia].
O pecado original [a ideia mais importante da reformulação].
O Filho de Deus [do mesmo modo que Niceia e Calcedônia, com um entendimento claro da satisfação e da propiciação da ira de Deus].
Justificação pela fé.

Então, a Confissão de Augsburgo abrange o ofício do ministério, a nova obediência, a Igreja, o batismo, a Santa Ceia, a confissão, o arrependimento, os sacramentos, a ordem na Igreja, os usos da Igreja, o governo civil, a vinda de Jesus para julgar, o livre-arbítrio, a causa do pecado, e uma discussão longa a respeito da fé e das boas obras, e conclui com o culto aos santos antes de discutir questões sobre as quais os reformados estavam em disputas sérias. Gostaria de fazer somente um destaque diante de tudo isso: essa confissão luterana estruturou o evangelho ao redor da salvação. Não seria inadequado dizer que a "narrativa do evangelho passou a ser a soteriologia", ou a narrativa de Israel, da Bíblia e de Jesus deram lugar ao sistema da salvação.

A Reforma não negou a narrativa do evangelho nem os credos. Em vez disso, colocou tudo em uma nova ordem e em um novo lugar. O tempo, e o que veio depois, de algum modo corroeu a combinação mais equilibrada entre a cultura do evangelho e a cultura da salvação na Reforma, criando um cenário em que a cultura da salvação ofuscou a cultura do evangelho.

A Confissão de Genebra de 1536, elaborada por Guilherme Farel e por João Calvino, do mesmo modo que a Confissão de Augsburgo, teve tanto documentos precursores como explicações posteriores, como a Segunda Confissão Helvética (1566) ou a Confissão de Westminster (1646), mas elas não estão em pauta no momento. O que é importante é que o gênio do destaque do evangelho da Reforma na salvação somente pela fé só aflora na Confissão de Genebra. Do mesmo modo que a Confissão de Augsburgo, a Confissão de Genebra é bem mais estruturada em uma "cultura da salvação". Por causa disso, passo a enumerar os artigos principais que expressam a essência da perspectiva reformada a respeito do evangelho:

    A Palavra de Deus
    O único Deus
    A lei de Deus que funciona para todos
    O homem natural — a depravação total

O homem por si só está perdido
Salvação em Jesus
Justiça em Jesus
Regeneração em Jesus
Remissão dos pecados necessária para os fiéis

Mais uma vez, a lista continua com outros itens da fé: todo o nosso bem vem da graça de Deus, da fé, de recorrer somente a Deus e da intercessão de Cristo, da oração inteligível, dos sacramentos do batismo e da Santa Ceia, fala sobre as tradições humanas, a Igreja, a excomunhão, os ministros da palavra e os magistrados.

Com uma maior intensidade com Calvino (e Guilherme Farel) do que com Lutero, a narrativa do evangelho é situada dentro de uma nova narrativa estruturadora, a narrativa da salvação. O evangelicalismo contemporâneo, especialmente no Reino Unido e nos Estados Unidos, absorveu essa narrativa da Reforma (da salvação). Para dizer o mínimo, em muitos casos, ele não só absorveu, mas fez muitas subtrações e reformulações. Existem bolsões gigantes do evangelicalismo em que essa reestruturação da Reforma não ultrapassa esses pontos simples (e superficiais): Deus ama você, você tem problemas, Jesus morreu por você, aceite-o e (independentemente do que você faz) você pode ir para o céu. Minha proposta não afirma que a Reforma criou esse tipo de evangelho, mas que a reestruturação que a Reforma fez da narrativa do evangelho fez que ela não passasse de uma sombra do que deveria ser.

Na verdade, ninguém pode ler nem Lutero nem Calvino sem observar que eles agiram tanto dentro de uma cultura profunda do evangelho como de uma profunda cultura da salvação. Não tenho o desejo de culpá-los ou mesmo de culpar a Reforma pelos "soterianos" ou pela cultura da salvação. Sou grato a Deus pela Reforma. Entretanto, quero realmente indicar que as sementes da abordagem de quatro pontos contemporânea e na sua maioria evangélica não teria surgido se não fosse pela mudança que a Reforma efetuou na narrativa para a soteriologia.

O foco experiencial do evangelicalismo

Vamos avançar, então, para aquilo que aconteceu depois da Reforma e examinar o movimento evangélico.[12] Para ser um evangélico fiel na nossa herança ou ser aceito na membresia de uma igreja na tradição evangélica, deve-se dar testemunho da experiência pessoal de salvação. Às vezes, os puritanos chamavam essa declaração de fé de "relação"; mas, seja qual for o modo pelo qual alguém chame esse testemunho, a experiência de salvação pessoal se constitui no divisor de águas, e exige-se a capacidade de dar testemunho sobre esse acontecimento para

---

[12] Para consultar dois estudos excelentes sobre a experiência da conversão, veja P. Caldwell, *The Puritan Conversion Narrative: The Beginnings of American Expression* (Cambridge: Cambridge Univ. Press, 1983); D. Bruce Hindmarsh, *The Evangelical Conversion Narrative: Spiritual Autobiography in Early Modern England* (Oxford: Oxford Univ. Press, 2005). Deve-se reconhecer o seguinte: o evangelicalismo pode ser definido de forma ampla como as igrejas da Reforma Protestante ou aquelas que são fiéis à Reforma, ou pode ser definida de forma mais restrita como um movimento das igrejas pós-reformadas que começou no século 18. A título de simplificação, estou usando essa palavra no sentido mais amplo porque muitos que igualam o "evangelho" ao "plano da salvação" definem o evangelicalismo nesse sentido.

receber uma aceitação plena. John Wesley expressa em palavras cristalinas a experiência evangélica:[13]

> À noite, bem a contragosto, fui para a rua Aldersgate, onde uma pessoa estava lendo o prefácio de Lutero para a Epístola de Romanos. Quando chegou mais ou menos quinze para as nove, enquanto ele estava descrevendo a mudança que Deus realiza no coração por meio da fé em Cristo, senti que meu coração se aqueceu de forma inusitada. Senti que de fato confiava somente em Cristo para a salvação, e passei a ter uma certeza de que Ele levou meus pecados, meus próprios pecados, e me salvou da lei do pecado e da morte.

Até hoje na maioria das igrejas evangélicas, tanto nas que batizam crianças como nas que batizam adultos, pede-se que um candidato à membresia da igreja tenha uma reunião com os diáconos, ou com os presbíteros, ou mesmo com o pastor para confirmar a experiência de salvação de alguém. Mesmo que ela não se pareça com as histórias de conversão de Wesley ou com outras histórias arquetípicas, o testemunho será examinado para ver se ele é verdadeiro e pessoal. Embora os descendentes contemporâneos desses grupos possam não possuir o rigor ou mesmo criar a ansiedade que algumas igrejas congregacionais puritanas causavam, a pessoa que ouve o testemunho de fé nas igrejas de hoje espera ser capaz de discernir se os sinais da graça ou da conversão estão presentes. Essa cultura de salvação e de testemunho pessoal expressam exatamente o que quero dizer com uma cultura da salvação. Para essa cultura, é a capacidade de

---

[13] John Wesley, "I Felt My Heart Strangely Warmed," www.ccel.org/ccel/wesley/journal.vi.ii.xvi.html (acesso em 7 de julho de 2010).

testemunhar pessoalmente sobre a experiência de conversão que é mais importante. Contanto que a pessoa tenha passado por essa experiência, está tudo certo... até que chegue a festa final.

O pastor Dallas

Do mesmo modo que o pastor Tom Wright, Dallas Willard possui um ministério duplo: ele é tanto um mestre quanto pastor. Willard discute essa redução do evangelho à salvação e a redução da salvação ao perdão pessoal e a rotula, de modo enfático e reprovador, da seguinte forma: o evangelho da gestão do pecado.[14] Ele faz uma comparação com o código de barras para identificar essa cultura da salvação: se tivermos o código de barras certo — que é dizer as palavras certas, fazer uma confissão adequada, passar pela experiência certa, tomar a decisão correta etc. — quando o sensor de Deus escanear o código de barras, as luzes se acenderão e estaremos bem. Willard apresenta o problema da cultura da salvação da seguinte forma:

> Se for perguntada aos 74 por cento dos norte-americanos que dizem que possuem um compromisso com Jesus Cristo a definição do evangelho, provavelmente lhe dirão que Jesus morreu para pagar por nossos pecados, e que basta crer que Ele fez isso para que possamos ir para o céu quando morrermos.

---

[14] Dallas Willard, *A conspiração divina: redescobrindo a nossa vida oculta em Deus* (Rio de Janeiro: Thomas Nelson Brasil, 2021).

E ele continua:

> Assim, o que na verdade consiste somente em uma teoria da "expiação" é transformado na totalidade da mensagem essencial de Jesus [o evangelho].
> Nesse contexto, o que significa "crer"?
> Já faz algum tempo que a crença que se exige para que a pessoa seja salva cada vez mais não passa de um ato totalmente particular, "somente entre você e o Senhor". Só o "leitor do código" sabe.

A diferença entre o que Calvino e Lutero (bem como Wesley) ensinaram e o que Willard critica com tanta veemência em seu livro é tão dramática que é necessário refletir se algumas pessoas hoje em dia estão de fato lendo a mesma Bíblia que nós.

Do aprimoramento de uma cultura do evangelho com um destaque profundo na salvação, chegamos agora à capacidade de uma pessoa poder dizer se ele ou ela passou pela experiência certa. Isso sem mencionar que essa experiência com uma frequência bastante grande não consiste em nada mais que dizer: "Sou pecador; Jesus, toma o meu lugar". Isso é inaceitável para uma cultura do evangelho, ou até mesmo dentro de uma coerência adequada no que diz respeito à salvação. Agora deixo as últimas palavras para Willard:

> O que tem que ser destacado em tudo isso é a diferença entre crer em Cristo, a pessoa verdadeira de Jesus, com tudo o que isso naturalmente significa, em contraposição com crer em algum esquema de remissão de pecados criado por meio dele — confiando somente na sua função de removedor da culpa.

Como a salvação tomou o lugar do evangelho? 113

Estas são as suas palavras que aterrorizam as páginas de seu livro, e em mais esta passagem ele se dirige ao "você" do evangelicalismo com dedo em riste:

> O seu sistema é perfeitamente concebido para produzir o resultado que você está colhendo.

E aqui ele vem com toda a força:[15]

> Os "evangelhos da gestão da culpa" partem do princípio de um Cristo sem nenhuma obra séria além de remir a humanidade... [e] eles geram "vampiros cristãos", que somente querem um pouco de sangue para apagar os seus pecados, mas não querem mais nada de Jesus antes de irem para o céu.

Dallas Willard leva-nos, então, a uma visão do reino de Jesus, mas a sua preocupação, do mesmo modo que a minha, diz respeito a uma cultura de salvação que ofuscou a cultura do evangelho (e do discipulado).

Possivelmente isso é tudo, se não mais do que precisamos para demonstrar nossa ideia, isto é, que a "cultura do evangelho" que governou a Igreja da época de Jesus até a Reforma, e que foi moldada e construída a partir do capítulo 15 de 1Coríntios, foi reformulada durante a Reforma — diga-se de passagem que foi por motivos muito bons — para formar uma cultura de salvação. Mais uma vez, deixe-me acrescentar o seguinte: não estou idealizando a igreja primitiva nem a igreja medieval. Tenho questionamentos

---

[15] Isto vem da nota de rodapé 8 de ibid., p. 403, e possivelmente se constitui na nota de rodapé mais citada da história!

suficientes com relação aos acontecimentos desses períodos, inclusive a respeito da centralidade cada vez maior dos temas sobre Maria, as mudanças imensas rumo a uma centralização de poder que levou, tragicamente, a coisas terríveis como as indulgências, bem como a uma sacramentalização praticamente automática que inviabilizou a mensagem da reação pessoal ao evangelho. Não quero questionar a importância da Reforma que foi conduzida por Deus. Portanto, não me oponho à necessidade de que se explique a salvação, nem de que ela seja explicada de forma clara e pessoal. Pelo contrário, o que aconteceu foi que a cultura apostólica do evangelho foi reestruturada de tal maneira e com muitos desdobramentos, principalmente por causa da cultura poderosamente evangelística do evangelicalismo no avivalismo norte-americano e depois na guerra cultural entre fundamentalistas e modernistas, que hoje em dia estamos perdendo todo o contato com a cultura do evangelho.

Precisamos reestabelecer o contato com a cultura do evangelho de modo que não percamos a cultura da salvação, mas, para fazermos isso, precisamos voltar novamente às origens. Começamos este livro perguntando se Jesus pregou o evangelho. Agora que examinamos tanto o evangelho apostólico quanto como esse evangelho foi transformado em um sistema de salvação, podemos fazer essa pergunta a respeito de Jesus com um novo olhar.

Se acreditarmos que as declarações que Paulo fez no capítulo 15 de 1Coríntios constituem o evangelho, então temos que fazer uma pergunta um pouquinho diferente do que muitos acham estar perguntando quando querem saber se Jesus pregou o evangelho. Com muita frequência, as pessoas perguntam se Jesus pregou o plano da salvação em vez de perguntar se Ele pregou o "evangelho". Na prática, estão perguntando se Ele veio estabelecer uma "cultura de salvação" ou "uma cultura do evangelho". Nos dois capítulos seguintes, sugeriremos que, na verdade, Jesus realmente pregou o evangelho — mas tudo isso depende do que queremos dizer com a palavra *evangelho*.

6

Tem evangelho nos Evangelhos?

COMEÇAMOS ESTA JORNADA COM PAULO. Admito que pode parecer retrógrado abordar primeiro Paulo para depois falar de Jesus e dos Evangelhos. Quis começar este estudo com um esboço da visão que Jesus desenvolve sobre o reino de Deus, mas sabia que o que destacaria ficaria forçado até descobrirmos o quanto Jesus é fundamental no evangelho que encontramos no capítulo 15 de 1Coríntios. Mas agora, à luz daquilo que Paulo diz sobre o evangelho nesse capítulo, possuímos uma perspectiva totalmente nova sobre esta palavra. Até que possamos desintoxicar nossa mente da ideia de que o evangelho e o plano de salvação são a mesma coisa, não seremos capazes de encontrar o princípio de unidade em toda a história da Igreja. Mas, uma vez que consigamos demonstrar a relação entre o evangelho e a salvação, nas linhas daquilo que dissemos sobre o capítulo

15 de 1Coríntios, descobriremos de repente que não somente Paulo pregou um evangelho diferente do que muitos de nós pensamos, mas também descobriremos que o evangelho de Paulo era o mesmo que Jesus pregou, e — de fato — era o mesmo que todos pregaram no primeiro século.

Portanto, nossa proposta consiste na ideia de que, ao estudar novamente o capítulo 15 de 1Coríntios, somos levados a fazer uma pergunta completamente diferente. Seria bom para nós recordarmos como essas perguntas foram feitas no passado. Todos observam que existe uma mudança de Jesus para Paulo. Jesus se concentrava no reino, enquanto Paulo destacava, pelo menos em Romanos e em Gálatas, a justificação. Sendo assim, as perguntas anteriores eram as seguintes: será que Paulo pregou o reino? Ou, será que Jesus pregou a justificação? Com um pouco de jogo de cintura — na verdade, em alguns momentos com muitas manobras — podemos fazer com que Jesus pregue a justificação ou com que Paulo pregue o reino. Sugiro que essa abordagem está equivocada porque nos dois casos define o "evangelho" ou como reino ou como justificação. Minha proposta é que o evangelho é maior do que essas duas palavras.

Afirmo que o evangelho se constitui em declarar que a narrativa de Jesus apresenta a resolução da narrativa de Israel. Este era o evangelho de Paulo, e equivale à tradição apostólica do evangelho, e esse evangelho moldou tudo na Igreja até a Reforma, momento em que o evangelho sofreu uma leve mudança e acabou sendo submerso — em um espaço de praticamente dois ou três séculos — pela salvação de um modo tão grande que foi equiparado ao plano de salvação. Entretanto, agora que vimos o que Paulo realmente pregava, e volto a dizer que era a declaração de que a narrativa tinha sido complementada no próprio Jesus, somos levados a fazer uma pergunta totalmente nova. Em vez de perguntar se Paulo pregava o reino, ou se Jesus pregava a justificação, passamos a fazer a seguinte interrogação:

Será que Jesus afirmou que a narrativa de Israel se cumpria nele mesmo?

Ou, de forma mais direta:

Será que Jesus pregou a si mesmo?

Então, se a resposta for positiva,

pode-se deduzir que Jesus também pregou o evangelho!

Podemos articular isso de várias formas, portanto aqui vai mais uma: *será que Jesus centralizou sua mensagem do reino na sua própria função na narrativa de Israel?* Se respondermos de forma afirmativa a qualquer uma dessas perguntas, estaremos dizendo que Jesus pregou o evangelho.

Desde que aprendamos a formular a questão dessa maneira, tudo se encaixa, e isso me leva a uma pergunta que ainda não ousamos fazer. Trata-se de uma pergunta importante, e mais importante do que muitos podem perceber. A pergunta é a seguinte: *você já imaginou a razão pela qual os quatro primeiros livros do Novo Testamento são chamados de "Evangelho"?*

Os Evangelhos e o evangelho

Nunca me esquecerei do dia em que estava sentado à mesa refletindo sobre os quatro primeiros livros do Novo Testamento como um todo enquanto me preparava para uma palestra, quando eu me fiz de forma ingênua uma pergunta que somente um calouro de faculdade faria (por pura ingenuidade mesmo). Eu a respondi de um modo que me preparou para um momento de glória porque foi uma daquelas experiências em que a mente, o corpo e a alma têm um estalo. A pergunta foi essa:

Por que os cristãos primitivos chamavam esses livros de "Evangelho"?

Eu sei que eles não se concentravam em nada parecido com o que chamamos de plano da salvação, nem eram formados em nosso método de persuasão. Pelo contrário, todos eles se constituem — na verdade, todos eles são assim — em narrativas que se sucedem a respeito de Jesus e do poder de Deus em ação nele e por meio dele. Portanto, enquanto estava sentado refletindo sobre essa pergunta a respeito do motivo pelo qual eles chamavam Mateus, Marcos, Lucas e João de "Evangelhos", a resposta vinha calmamente em prestações:

Quem sabe eles se constituam no evangelho.
Bem, é fato que eles são o evangelho.
Sim, os Evangelhos equivalem ao evangelho!

Meu estalo na mente aconteceu quando percebi de repente que o "evangelho" de Paulo nada mais era que a narrativa de Jesus que complementava a narrativa de Israel, e que a razão pela qual os cristãos primitivos chamaram Mateus, Marcos, Lucas e João de "o evangelho segundo" Mateus, Marcos, Lucas e João era porque sabiam que todos eles contavam a mesma história. *Tanto* Paulo *como* os Evangelhos contam a complementação da narrativa de Israel na narrativa de Jesus. O evangelho apostólico, a tradição que os apóstolos transmitiram, pode ser encontrado no Evangelho de Mateus, de Marcos, de Lucas e de João. Pode parecer extremamente óbvio, mas nem todos veem isso com clareza: eles chamaram esses livros de "Evangelhos" porque eles são o evangelho.

Se você quiser ler o evangelho,
ouvir o evangelho,

ou pregar o evangelho,
leia, escute e pregue os Evangelhos.

O pastor John

Agora falaremos sobre o quarto pastor. Além de ser pastor, John Dickson é evangelista e professor na Austrália, e sou grato porque seus livros e vídeos estão impactando o país em que ele nasceu. O seu livro mais recente, *The Best Kept Secret of Christian Mission: Promoting the Gospel with More Than Our Lips* [O segredo mais bem guardado das missões cristãs: promover o evangelho com mais do que nossos lábios],[1] é um dos melhores livros sobre o evangelho e o evangelismo que já li. Sem mais delongas, quero me debruçar no modo que ele entende a palavra *evangelho*:

O conteúdo essencial do evangelho é apresentado praticamente da seguinte forma:

- O nascimento real de Jesus garantiu sua reivindicação ao trono eterno que foi prometido ao rei Davi.
- Os milagres de Jesus remetem à presença do reino de Deus na pessoa do Messias.
- O ensino de Jesus proclamou o convite ao reino e estabeleceu as suas exigências.
- A morte sacrificial de Jesus expiou os pecados daqueles que, de outra forma, seriam condenados na consumação do reino.

---

[1] John Dickson, *The Best Kept Secret of Christian Mission: Promoting the Gospel with More Than Our Lips* (Grand Rapids: Zondervan, 2010); todas as citações são extraídas das p. 111-140.

- A ressurreição de Jesus o estabelece como o Filho a quem Deus escolheu para ser Juiz do mundo e Senhor do reino vindouro.

Esta declaração se aproxima do que Tom Wright disse, e, do mesmo modo que o conceito de Tom Wright, fica bem longe das ideias do Pastor Eric e do Pastor Greg. Para o pastor John, "faz parte da evangelização contar o que o Messias Jesus fez". Trata-se de uma declaração do "reino de Deus, o estabelecimento de seu reinado de direito sobre o mundo, que um dia será totalmente revelado em uma nova criação". Além disso, ressoando por todo esse capítulo de seu livro se encontra uma resposta à pergunta sobre se Jesus pregou o evangelho ou não: "Os [quatro] Evangelhos e o evangelho são um". É essa última declaração que agora nos levará ao tema deste capítulo: *os quatro evangelhos e o evangelho são um.*

Só existe um evangelho

Quem sabe precisemos nos recordar de um fato básico. Os cristãos primitivos não estavam classificando os quatro primeiros livros como uma espécie de literatura, como se o "evangelho" fosse um gênero literário e já houvesse uma classificação decimal de Dewey nas bibliotecas antigas. Pelo contrário, precisamos dizer isso de modo claro e veemente: eles não chamavam os quatro primeiros livros de Novo Testamento de "Evangelhos". Em vez disso, eles chamavam cada um deles de "Evangelho". Eles queriam expressar que só havia um evangelho, mas ele tinha sido escrito em quatro versões, uma segundo Mateus, e outras segundo Marcos, Lucas e João, respectivamente. Na verdade, a maneira pela qual chamamos os "Evangelhos" atualmente de forma tão casual dá a entender que houve mais de um evangelho.

O especialista mais influente de boa parte do século XX chamado F. F. Bruce observou certa vez que chamar os quatro primeiros livros do Novo Testamento de "quatro evangelhos" se constituía em "uma expressão impossível na época do Novo Testamento".[2] Embora cada um desses livros pudesse ser chamado de "o Evangelho" ninguém se referia a eles no plural (p. ex., "lemos nos quatro Evangelhos") até mais de cem anos depois de eles terem sido escritos. Agostinho de Hipona em dado momento corrigiu a si mesmo nessa questão. Ele disse: "Nos quatro Evangelhos, ou melhor, nos quatro livros do evangelho único".[3] Por qual motivo se deve destacar este princípio? Porque os autores destes livros não se viam como autores ou biógrafos de Jesus tanto como se apresentavam como *testemunhas do evangelho único* ao contar a narrativa de Jesus.

A ideia que mais se destaca, ou mesmo a única que domina os evangelhos, se é que posso usar esse plural ao qual estamos acostumados, é a seguinte: *os Evangelhos falam sobre Jesus, contam a narrativa de Jesus, e tudo neles só encontra sentido em Jesus.* Isso é tão óbvio que às vezes nos esquecemos. Então, os evangelistas (dá uma olhada como nós os chamamos) estavam contando a narrativa de Jesus como o evangelho porque ela nada mais era que o próprio evangelho. Do mesmo modo que Paulo via a complementação da narrativa de Israel na narrativa de Jesus, os quatro Evangelhos, mostrando que eles na verdade se constituem no próprio evangelho,

---

[2] F. F. Bruce, *The Defense of the Gospel in the New Testament* (Grand Rapids: Eerdmans, 1977), p. 4. Para um estudo completo a respeito, veja M. Hengel, *The Four Gospels and the One Gospel of Jesus Christ* (trad. para o inglês de J. Bowden; Harrisburg, PA: Trinity Press International, 2000), p. 34-115.
[3] Agostinho, *Tratados sobre o Evangelho de João* 36.1.

também se concentram em Jesus. De todos os lados e em sua essência, cada um desses Evangelhos fala a respeito de Jesus.

Evangelizar acaba sendo a prática de contar a narrativa de Jesus. O pastor John diz isso muito bem: "Todas as Escrituras apontam para o evangelho, *mas somente os Evangelhos contam o evangelho em sua totalidade. O evangelho e os Evangelhos são a mesma coisa*".[4] Suas palavras são confirmadas pelo Papa Bento XVI, que é do lado oposto do leque da Igreja: "A classificação dos quatro relatos de Mateus, Marcos, Lucas e João como 'Evangelhos' equivale a expressar que o próprio Jesus, e a totalidade de suas obras, de seus ensinos, sua vida, ressurreição e de sua permanência conosco se constitui no 'evangelho'". Ouça também o que o papa diz logo depois: "Desde a Páscoa, o método de evangelização tem sido contar aos homens o que agora lemos nos Evangelhos".[5]

O que se torna extremamente óbvio para o leitor de qualquer um dos Evangelhos é que eles não nos contam o plano da salvação, nem mesmo apresentam nenhum método de persuasão. Em vez disso, eles se encaixam perfeitamente naquilo que o grande apóstolo Paulo indicou porque *relatam a narrativa de Jesus de uma maneira que demonstra que Ele complementa a narrativa de Israel de modo que acaba se constituindo em uma história de salvação*. Além disso, eles são nitidamente orientados — de uma forma bem peculiar para o mundo antigo — para a narrativa da última semana de Jesus. Isto é, eles se concentram mais na morte e na ressurreição de seu herói — Jesus — do que qualquer outra história antiga. Isso também se encaixa de modo

---

[4] Dickson, *Best Kept Secret*, p. 140.
[5] Joseph Ratzinger [Papa Bento XVI], *Gospel, Catechesis, Catechism: Sidelights on the* Catechism of the Catholic Church (San Francisco: Ignatius, 1997), p. 51.

perfeito no próprio destaque de Paulo: ele não diz nada de forma direta no capítulo 15 de 1Coríntios sobre o nascimento, ou sobre a vida ou os ensinos de Jesus, mas ele vai direto para a sua morte, e o seu posterior sepultamento e ressurreição.

Não ousaremos, entretanto, perder o contato com o impacto salvador da narrativa de Jesus conforme está descrita nos Evangelhos. Martin Hengel, que foi o principal especialista alemão do Novo Testamento por três décadas, escreveu o seguinte: "A narrativa que é contada [no Evangelho de Marcos] chama os ouvintes a acreditar na pessoa que está descrita nela, que é Jesus, o Messias e Filho de Deus, e, consequentemente, na vida eterna; em outras palavras, ele busca ser, de forma total e abrangente, uma mensagem de salvação".[6] O principal especialista escocês em Novo Testamento, chamado I. Howard Marshall, complementa Hengel falando sobre o terceiro evangelho com as mesmas palavras: "O propósito de Lucas não é simplesmente narrar as obras e as palavras de Jesus, mas demonstrar como elas realmente levam à experiência de salvação e à formação da comunidade das pessoas salvas".[7]

Para verificar se os Evangelhos se constituem no evangelho apostólico, no entanto, precisamos examinar alguns fatos. Será que os quatro Evangelhos contam a mesma história a respeito de Jesus?

---

[6] Hengel, *Four Gospels and the One Gospel of Jesus Christ*, p. 91.
[7] I. H. Marshall, "Luke and His 'Gospel'", em *The Gospel and the Gospels* (ed. P. Stuhlmacher; Grand Rapids: Eerdmans, 1991), p. 273-292, citação da p. 283.

Morte, sepultamento e ressurreição

Já foi dito várias vezes que o Evangelho de Marcos consiste em uma narrativa da Paixão com uma introdução ampliada. Isto é, o Evangelho de Marcos foca mais de cinquenta por cento do seu conteúdo na última semana de Jesus (capítulos 10 a 16), e podemos dizer que Marcos possui nove capítulos de introdução que nos preparam para essa última semana. A maioria dos especialistas na atualidade acha que o Evangelho de Marcos foi o mais antigo a ser escrito e se tornou, por assim dizer, um modelo para Mateus e Lucas — e até mesmo para João. Observe que o modelo que eles herdaram equivalia a um padrão totalmente enviesado para a última semana de Jesus. O motivo é simples: é o caminho para que se conte o próprio evangelho.

O destaque que Marcos dá à morte, ao sepultamento e à ressurreição de Cristo possui uma grande afinidade com a definição que Paulo e os apóstolos atribuem ao evangelho. Quem sabe ler grego encontra no Evangelho de Marcos a palavra *euthys*, que geralmente é traduzida como "imediatamente", trinta e quatro vezes nos nove primeiros capítulos. Eu me lembro da primeira vez que li Marcos em grego de uma vez só, sem pausa, e percebi, depois de alguns capítulos, que o meu coração palpitava. Comecei a pensar o motivo pelo qual isso estava acontecendo, portanto, separei um tempo para refletir mais um pouco. Logo percebi que era porque sentia que Marcos tinha muita pressa de ir de um acontecimento para o outro, e essa experiência surgia a partir da palavra grega *euthys*. Fica óbvio para quem lê o segundo evangelista de forma cuidadosa que Marcos não se acalma enquanto não retrata a cena da crucificação. Basta chegar nessa cena da paixão que a palavra *euthys* desaparece. Até essa própria palavra consiste em um termo direcionado pelo evangelho e que também direciona para ele. Seguem-se alguns exemplos (coloquei em itálico as palavras que traduzem o grego *euthys*):

- Marcos 1:10: *Assim que* saiu da água, Jesus viu os céus se abrindo, e o Espírito descendo como pomba sobre ele.
- 1:12: *Logo após,* o Espírito o impeliu para o deserto.
- 1:18: *No mesmo instante* eles deixaram as suas redes e o seguiram.
- 1:20: *Logo* os chamou, e eles o seguiram, deixando Zebedeu, seu pai, com os empregados no barco.
- 1:21: Eles foram para Cafarnaum e, *assim que* chegou o sábado, Jesus entrou na sinagoga e começou a ensinar.
- 1:23: *Justamente naquela hora,* na sinagoga, um homem possesso de um espírito imundo gritou [...].
1:28: As notícias a seu respeito se espalharam *rapidamente* por toda a região da Galileia.
- 1:29-30: *Logo que* saíram da sinagoga, foram com Tiago e João à casa de Simão e André. A sogra de Simão estava de cama, com febre, e *imediatamente* falaram a respeito dela a Jesus.
- 1:42-43: *Imediatamente* a lepra o deixou, e ele foi purificado. Em seguida Jesus o despediu, com uma severa advertência.

Parece que Marcos usa essa palavra *euthys* como por um instinto de pastor para manter seu leitor em marcha para a última semana de Jesus.

Isso exemplifica de forma perfeita o motivo pelo qual ele inicia seu livro com as seguintes palavras: "Princípio do *evangelho de Jesus Cristo, o Filho de Deus*" (1:1). Nessa frase inicial, Marcos intitula seu livro como "o evangelho" porque ele "evangeliza" por meio dele. O que isso indica? Indica que

Marcos está contando a narrativa de Jesus como aquilo que complementa a narrativa de Israel. A princípio, esse é o motivo pelo qual suas palavras seguintes nos dizem que a narrativa de Israel encontra sua resolução em João Batista e em Jesus:

> Conforme está escrito no profeta Isaías:
> "Enviarei à tua frente o meu mensageiro [João Batista];
> ele preparará o teu caminho" —
> "voz do que clama no deserto:
> 'Preparem o caminho para o Senhor [Jesus],
> façam veredas retas para ele'" (Marcos 1:2-3).

Vamos deixar essa ideia bem clara: o evangelho consiste na narrativa de Jesus como complemento da narrativa de Israel. Os Evangelhos, que são os quatro primeiros livros do Novo Testamento, são chamados de "Evangelho segundo..." porque estão contando exatamente essa mesma narrativa. Além disso, cada um deles possui o mesmo destaque na morte, no sepultamento e na ressurreição de Jesus (veja os capítulos 19 a 28 de Mateus e os capítulos 18 a 24 de Lucas). O Evangelho de Lucas, embora possua um tipo diferente de estrutura, pelo menos chega perto do que encontramos nos três primeiros evangelhos (os evangelhos sinópticos), porque pelo menos do capítulo 11 até o 21 temos praticamente uma concentração na última semana da vida de Jesus. Esses três evangelhos também enfatizam as narrativas da última semana a respeito do sepultamento, e especialmente na ressurreição propriamente dita e nas aparições de Jesus.[8] Essa ideia precisa

---

[8] O Evangelho de Marcos termina de forma abrupta, estranha e diferente dos outros Evangelhos em 16:8 com as palavras "porque eles estavam com medo", e

ser destacada porque ficamos muito presos na definição da palavra *evangelho* como plano de salvação. Os evangelhos são chamados de "Evangelho segundo... (autor)" porque eles declaram a narrativa de Jesus segundo o roteiro apostólico: a morte, o sepultamento e a ressurreição de Cristo — tudo isso de acordo com as Escrituras.

Segundo as Escrituras

Outra expressão apostólica dentro dos evangelhos é "segundo as Escrituras". Paulo disse que Jesus morreu e foi ressuscitado "segundo as Escrituras". Qualquer evangelismo autêntico precisa explicar a narrativa bíblica se quiser colocar a palavra "boas" dentro das boas-novas.

Ninguém faz isso de forma melhor do que nosso primeiro evangelista. O Evangelho de Mateus começa, de maneira famosa, acima de tudo, com uma genealogia que vincula Jesus a Abraão e a Davi, com um uso sábio e enigmático de "catorze" gerações (Mateus 1:1-17). O número catorze vem de um método judaico chamado *gematria*, que busca significado nos números. O nome Davi é composto de três consoantes hebraicas: d – v – d. O hebraico não tinha números como nós temos. Portanto, se somarmos d + v + d, ou 4 + 6 + 4, obtemos o número 14. Portanto, quando Mateus organiza a narrativa de Israel em três grupos de catorze, ele está mostrando que toda a narrativa de Israel possui um formato davídico, e

---

muitos hoje em dia acham que a última página do Evangelho de Marcos se perdeu. Qualquer pessoa pode consultar a última página de Marcos em uma Bíblia e ler as notas textuais e perceber que existem dois finais, um mais curto e outro mais longo, e nenhum deles é o original. Repito que esse final original parece ter se perdido e, para compensar essa perda, alguns cristãos primitivos preencheram essa lacuna! Para uma boa discussão sobre esse assunto, veja R. T. France, *The Gospel of Mark* (Grand Rapids: Eerdmans, 2002), p. 670-674, 685-688.

que essa história davídica é complementada pelo Rei davídico pleno, que é Jesus, filho de Maria e José, Messias de Israel. Existe tanto desse "cumprimento do Antigo Testamento nos Evangelhos" que não seria difícil escrever dez livros sobre como o Antigo Testamento, ou a narrativa de Israel, moldou cada um dos quatro Evangelhos.[9] Podemos pensar nos capítulos 1 e 2 de Mateus, que contêm uma série de acontecimentos a respeito da vida de Jesus que "completam" ou "cumprem" as Escrituras proféticas de Israel.

Falemos agora de Lucas e do seu tema "segundo as Escrituras". Pensa-se logo nas narrativas da natividade nos capítulos 1 e 2, que são pontuadas pelos cânticos que geralmente são entoados na época do Natal: *Magnificat*, *Benedictus* e *Nunc Dimittis* (os cânticos de Maria, de Zacarias e de Simeão). O que precisa ser observado neste ponto é que esses três cânticos e esses dois capítulos estão repletos de alusões e de citações do Antigo Testamento. Na verdade, a leitura deles dá a entender que alguém passou anos mergulhando nas Escrituras e, de repente, surge com uma série de canções poéticas que trazem a complementação de toda a narrativa de Israel por meio daquilo que Deus estava fazendo em Maria, Zacarias, Isabel, Simeão e Ana — e especialmente na vida dos dois meninos bebês, João e Jesus. Sente-se algum dia com uma Bíblia de referências e procure todas as citações e alusões do Antigo Testamento nos capítulos 1 e 2 de Lucas. Esse momento pode ser uma experiência evangelística profunda.

---

[9] Gostaria de chamar a atenção novamente para o livro *Recovering the Real Lost Gospel* de Darrell Bock como um exemplo excelente de como o Antigo Testamento — com suas narrativas, promessas e expectativas — molda o entendimento cristão primitivo sobre o evangelho, e afasto seu foco dos exemplos infelizmente reais, porém bem numerosos, de "evangelho" que nem mesmo precisam do Antigo Testamento.

João, o nosso quarto evangelista, também é uma pessoa que faz referências ao Antigo Testamento, mas o seu Evangelho impulsiona a narrativa de Israel para Jesus de um modo que traz um novo significado para a palavra cumprimento. De uma maneira de tirar o fôlego, João mostra como as instituições e as festas principais de Israel, que consistiam nas celebrações anuais que contavam a narrativa de Israel e que moldavam tanto a memória como a identidade de todo judeu praticante, encontrou o seu cumprimento em Jesus. Por causa disso, temos Jesus como o templo no capítulo 2, como o sábado no capítulo 5, como a Páscoa no capítulo 6, como a Festa dos Tabernáculos nos capítulos 7 a 10, e como a festa da Dedicação em João 10:22-39.[10] Conforme o especialista R. N. Longnecker explica esse tema, no Evangelho de João encontramos a "representação de Jesus como o cumprimento daquilo que era simbolizado pela festa ou pelas festas".[11]

Tudo isso não passa de um esboço, mas é suficiente para dar um alerta: os evangelhos são assim chamados porque eles veem a narrativa de Israel como algo que foi complementado pela narrativa de Jesus. Gostaria de incentivar quem lê os evangelhos a ler uma passagem ou um capítulo em particular e depois reservar tempo suficiente para refletir de modo a permitir que o seu conhecimento da narrativa de Israel — as Escrituras do Antigo Testamento — o ajude a encontrar vínculos entre aquilo que os evangelistas estão dizendo e o que o Antigo Testamento nos disse. Isso se acha presente em todos os evangelhos e, se não seguirmos essa leitura dos

---

[10] Veja, p. ex., R. E. Brown, *The Gospel according to John (I-XII)* (AB 29; Garden City, NY: Doubleday, 1966), p. 205-415.

[11] R. N. Longenecker, *Biblical Exegesis in the Apostolic Period* (Grand Rapids: Eerdmans, 1975), p. 153 (veja as p. 152-157).

evangelhos de passagem em passagem, não conseguiremos compreender o que os evangelistas estavam fazendo. Esse procedimento faz que os quatro primeiros livros assumam o seu lugar correto nas estantes da biblioteca da Igreja: o lugar do evangelho.

Por nossos pecados

Um dos elementos principais do evangelho, segundo a declaração de Paulo em 1Coríntios 15:3, é que "Cristo morreu *por nossos pecados*". Os evangelhos, para que possam ser enquadrados como fazendo parte do evangelho, também têm que falar necessariamente sobre a expressão "por nossos pecados". Na verdade, eles falam sobre ela, mas fazem isso debaixo de tantos termos e categorias que é difícil abarcar todos eles. A palavra "pecado" aparece quarenta e uma vezes nos evangelhos, e não é por acaso que no primeiro capítulo do primeiro Evangelho temos uma declaração introdutória sobre a identidade de Jesus. Lemos em Mateus 1:21 o seguinte: "Ela dará à luz um filho, e você deverá dar-lhe o nome de Jesus, porque ele *salvará o seu povo dos seus pecados*". O nome "Jesus" consiste em uma transliteração do hebraico "Yeshua", que significa "YHWH é salvação". Ao colocar o nome Jesus no filho de Maria, José o nomeou como "Salvador". Do que Ele estava salvando as pessoas? "Dos seus pecados".

É impossível ignorar a profundidade dessas palavras: a frase "YHWH é salvação" tinha acabado de se tornar "a salvação do Deus feito homem" e "Jesus é salvação". Por ter fracassado em viver seu chamado pactual e ter sido arruinado pela desobediência, o povo de Israel agora se encontrava atolado na submissão à Roma, assolado por insurreições e rompido pelos rachas religiosos e políticos internos — porém seria resgatado e o reino seria instaurado, e tudo isso aconteceria por meio do filho de Maria. Ele resgataria Israel salvando a nação do peso dos seus pecados. João Batista, que pessoalmente pregou o arrependimento para o perdão dos pecados (Marcos 1:4-5), anunciou nas palavras do Evangelho de João que ecoam as do capítulo 1 de Mateus: "No dia seguinte João viu Jesus aproximando-se e disse: 'Vejam! É o Cordeiro de Deus, que tira o pecado do mundo!'" (João 1:29).

Tanto o judaísmo como os evangelhos estabeleceram um vínculo entre os pecados das pessoas e suas doenças, e, por causa disso, o perdão também estava associado à cura porque uma coisa gerava a outra. Isso nos remete imediatamente ao que Jesus disse em Mateus 9:2: "Tenha bom ânimo, filho; os seus pecados estão perdoados". Esse comentário de tirar o fôlego levou a aplausos afirmativos e a um espanto negativo, portanto Jesus curou o homem e demonstrou o que disse: conforme o capítulo 1 de Mateus nos mostra, Ele é quem resgataria Israel dos castigos do pecado, um dos quais era a doença.

O terceiro tema dos Evangelhos com relação à expressão "por nossos pecados" pode ser encontrado na narrativa da Santa Ceia. O Evangelho de Mateus mereceria ser chamado de evangelho somente por esse texto: Quando Jesus passa o cálice, ele diz: "Isto é o meu sangue da aliança, que é derramado em favor de muitos, *para perdão de pecados*" (Mateus 26:28). Mateus disse que Jesus teria este nome porque salvaria Israel dos seus pecados; João Batista via Jesus como o Cordeiro de Deus que tira os pecados do mundo; e o Evangelho de Mateus nos conta que na última noite que Ele passou com seus discípulos, Jesus *perdoa em virtude da oferta de si mesmo na cruz*. Os seus discípulos participam desse perdão ao participar do cálice (e comer do pão).

O evangelho apostólico, que Paulo "recebeu" e "transmitiu" tanto aos coríntios como a qualquer outra igreja apostólica daquela época e de todas as épocas que se sucederam, é um evangelho que tem como centro o fato de que Jesus morreu "por nossos pecados", e que essa morte conquistou o perdão dos pecados. Sendo assim, essa narrativa salva e leva as pessoas para o reino de Deus, encaminhando-as à vida eterna. João nos conta que escreveu seu Evangelho por esse motivo em especial: "Mas estes foram escritos para que vocês creiam que Jesus é o Cristo, o Filho de Deus e, crendo, tenham vida em seu nome" (João 20:31). A "vida" sobre a qual João fala nesse texto é a vida que rompe com o pecado.

Conforme Paulo disse, se não houvesse a ressurreição estaríamos "ainda em [nossos] pecados" (1Coríntios 15:17). A expressão apostólica "por nossos pecados" está vinculada à morte de Cristo nesse resumo apostólico, mas não nos esqueçamos — como somos tão rápidos em fazer com nosso destaque na cruz de Cristo — de que, fora da ressurreição, a cruz não passaria de um instrumento de tortura e sofrimento. Isso, também, é apresentado nos evangelhos, principalmente em Mateus 27:51-53. Quando Jesus foi crucificado, mais precisamente no momento de sua morte, Mateus registra a respeito desse acontecimento o seguinte:

> Naquele momento, o véu do santuário rasgou-se em duas partes, de alto a baixo. A terra tremeu, e as rochas se partiram. Os sepulcros se abriram, e os corpos de muitos santos que tinham morrido foram ressuscitados. E, saindo dos sepulcros, depois da ressurreição de Jesus, entraram na cidade santa e apareceram a muitos.

A morte e a ressurreição estão conectadas para revelar toda uma nova ordem mundial, que é a nova criação.

A equivalência entre os Evangelhos e o evangelho

O evangelho apostólico que está inserido no capítulo 15 de 1Coríntios anuncia a narrativa de Jesus como a complementação da narrativa de Israel nas Escrituras, de modo que Jesus salva as pessoas dos seus pecados. Esse é o evangelho apostólico. Os cristãos primitivos chamaram os quatro primeiros livros do Novo Testamento de "O Evangelho segundo..." seguido do autor porque eles declaram exatamente essa narrativa.

- Todos os evangelhos falam a respeito de Jesus
- Todos eles falam sobre o fato de Jesus complementar a narrativa de Israel.
- Todos eles falam da morte, do sepultamento, da ressurreição, da exaltação e do seu retorno futuro.
- Todos eles revelam que este Jesus, nesta mesma narrativa, salva seu povo de seus pecados.

É verdade e, portanto, duplamente importante para nós percebermos que estes Evangelhos não organizam a história na nossa própria forma de enquadrar o Plano de Salvação, e também não formatam a história no nosso Método de Persuasão favorito. Em vez disso, eles declaram a História de Jesus, e essa história é a história salvadora, redentora e libertadora. Podemos precisar de muito raciocínio para chegar a essa conclusão, mas esse tipo de especulação é totalmente coerente. Temos boas razões para pensar que os evangelhos foram escritos para exemplificar o "evangelismo" ou o modo que os apóstolos pregaram o evangelho.[12] Pode-se dizer que os quatro Evangelhos se constituem em comentários longos do que é abordado no capítulo 15 de 1Coríntios ou na tradição apostólica do evangelho. Existe uma tradição cristã primitiva que nos informa que o Evangelho de Marcos coloca em papel e tinta (embora isso não aconteça de forma ordenada ou organizada) a pregação de Pedro em Roma. Veja como Eusébio, o primeiro historiador da Igreja,[13] registrou essa tradição:

> E o presbítero dizia isto:
> Marcos, que foi intérprete de Pedro, pôs por escrito, ainda que não com ordem, o quanto recordava do que o Senhor havia dito e feito. Porque ele não tinha ouvido o Senhor nem o havia seguido, mas, como disse, a Pedro mais tarde, o qual transmitia seus ensinamentos segundo as necessidades e não como quem faz uma composição das palavras do Senhor, mas de tal forma que Marcos em nada se enganou ao escrever algumas coisas tal como as recordava.

Independentemente de essa tradição ser exata ou não, pelo menos é verdade a nível teológico: os quatro Evangelhos exemplificam o que os apóstolos lembraram e ensinaram sobre Jesus. Poderíamos até mesmo pensar em um vínculo entre a tradição apostólica do evangelho no capítulo 15 de 1Coríntios e os Evangelhos como indo em duas direções diferentes ao mesmo tempo. Por um lado, a pregação do evangelho aos apóstolos poderia

---

[12] Um livro técnico mais antigo sobre isso ainda possui muito valor: G. N. Stanton, *Jesus of Nazareth in New Testament Preaching* (Cambridge: Cambridge Univ. Press, 1977).
[13] Eusébio, *História eclesiástica* 3.39.14-16.

ser resumida a 1Coríntios 15:3-5, e, ao mesmo tempo, poderíamos dizer que a passagem de 1Coríntios 15:3-5 foi ampliada e explicada nos quatro primeiros Evangelhos. Por que podemos dizer isso? Porque o evangelho e os Evangelhos são a mesma coisa.

Possivelmente um versículo estranho — pelo menos de acordo com a maneira pela qual muitos entendem a palavra *evangelho* — se constitui em mais uma prova dessa verdade. Na última semana de Jesus, conforme nos é relatado no Evangelho de Marcos, ouvimos falar a respeito de uma mulher que ungiu Jesus com um unguento caro, que ela derramou de forma agradecida e extravagante sobre a cabeça dele. Alguns gananciosos sem coração sugeriram que essa extravagância poderia ter sido investida de forma mais adequada se o valor fosse doado aos pobres, motivo pelo qual Jesus elogia a mulher por ungir profeticamente o seu corpo para a sua sepultura antes mesmo de Ele morrer. Depois Ele diz o seguinte: "Eu lhes asseguro que onde quer que o evangelho for anunciado, em todo o mundo, também o que ela fez será contado em sua memória" (Marcos 14:9).

A razão para isso é que Jesus parte do princípio que a pregação do evangelho consistirá em contar histórias sobre sua vida, *inclusive essa história exata sobre a mulher que tinha acabado de ungi-lo*. Já tive alunos cristãos que me disseram que conheciam o evangelho, mas nunca tinham ouvido falar dessa história, e o que esse "desconhecimento" expressa é que esse evangelho e os quatro Evangelhos não estão interligados de um modo suficientemente firme. Sabemos com certeza que, nas igrejas primitivas, os líderes faziam uma leitura pública do evangelho toda semana (veja o apêndice 2), algo que precisamos resgatar novamente para as nossas igrejas. Era essa imersão constante no evangelho e nos Evangelhos que gerava um potencial para a cultura do evangelho.

Chegamos agora em uma encruzilhada fundamental. É claro o suficiente o modo pelo qual Paulo definia o evangelho e é igualmente claro o motivo pelo qual os quatro primeiros livros do Novo Testamento são chamados de "Evangelho". Mas isso abre caminho para uma pergunta que muitos cristãos estão fazendo atualmente, e a resposta a ela é muito importante para muitos dentre nós:

Será que Jesus pregou esse evangelho?

7

Jesus e o evangelho

COMEÇO FAZENDO USO DA REPETIÇÃO porque se trata de algo de difícil compreensão. Tantas pessoas igualam o evangelho ao plano da salvação que temos que treinar nossa mente para refletir sobre isso várias vezes. A pergunta que estamos fazendo é a seguinte: será que Jesus pregou o evangelho? Mas essa pergunta não se refere a se Jesus pregou a salvação pessoal ou se pregou a justificação pela fé (independentemente do quanto esses conceitos são verdadeiros e importantes). Pelo contrário, temos que caminhar para uma dimensão diferente. Se o evangelho consiste na narrativa salvadora de Jesus que complementa a narrativa de Israel, a pergunta fica ainda mais específica: *Será que Jesus pregou que Ele mesmo se constituía no complemento da narrativa de Israel?*

Em caso afirmativo, Jesus pregou o evangelho apostólico, tenha Ele pregado o plano da salvação ou não. Portanto a pergunta sobre o evangelho não é se Ele pregou o plano da salvação ou a justificação pela fé ou a salvação pessoal, mas, *se Ele pregou que Ele mesmo complementava a narrativa de Israel de tal modo que Ele consistia na própria narrativa salvadora.* Essa questão estrutura esse capítulo, e será como um samba de uma nota só que não para. Queremos destacar por meio da repetição a centralidade que Jesus deu para si mesmo na sua pregação e no seu ministério.

Essa nova pergunta muda todo o foco *dos benefícios da salvação que experimentamos* para *a Pessoa que é, por si só, a boa-nova.* Pouco tempo depois, John Piper escreveu um livro com um título um pouco excêntrico que acho que vai bem ao encontro do que estamos afirmando neste livro. O seu livro foi intitulado *Deus é o evangelho.* Ele quis dizer o seguinte: "O supremo, o melhor, o final e o decisivo bem no evangelho, sem o qual nenhuma outra dádiva seria boa, é a glória de Deus na face de Cristo, revelada para o nosso gozo eterno".[1] O que Piper chama de "glória de Deus na face de Cristo" é o que me refiro como a "narrativa de Jesus". Quanto mais perto se fica do centro do Evangelho, mais claro ele se torna o próprio rosto de Cristo. Portanto, se tivesse a permissão de dar um novo nome a esse estudo, colocaria o título *Jesus é o evangelho*. Apesar de haver algumas diferenças entre o que estou afirmando neste livro e o que Piper afirma no seu livro sobre o evangelho, concordamos no seguinte: o evangelho deve declarar algo sobre uma Pessoa, sobre Deus em sua revelação em Jesus Cristo e sobre o que Deus fez por nós por meio dele.

A pergunta que o capítulo 15 de 1Coríntios desperta em nós é esta: Será que Jesus pregou um evangelho que falava de si mesmo? Para responder essa pergunta, temos que analisar primeiramente a palavra que Jesus gostava mais de dizer: a palavra "reino".

---

[1] John Piper, *Deus é o evangelho* (São José dos Campos, Sp: Ed. Fiel, 2018).

O reino

Começamos com a palavra "reino" porque Jesus associa de forma implícita a sua missão, a sua visão e a sua pregação com o reino. Entretanto, antes de falarmos propriamente sobre Jesus, vamos descrever o seu cenário imediato. Três passagens preliminares revelam que aqueles que estavam mais próximos a Jesus achavam que a narrativa de Israel estava chegando ao seu auge: o *Magnificat* de Maria em Lucas 1:46-55; o *Benedictus* de Zacarias em 1:67-79, e a pregação de João Batista sobre o arrependimento messiânico em 3:1-18. Cada uma dessas passagens surge de modo surpreendente a partir das expectativas messiânicas do reino na narrativa de Israel, cada uma delas também se concentra na complementação dessa narrativa com o nascimento de João e de Jesus, e cada uma delas anuncia uma situação nova para Israel. Em particular, elas anunciam uma comunidade marcada pela justiça, pela santidade, pela paz e pelo amor — mas essa comunidade é claramente aquela que se coloca aos pés de *Jesus*.

Cada uma dessas passagens fala somente de Jesus de uma forma ou de outra. O cântico de Maria, o *Magnificat*, vê toda a saga do pacto de Deus com Israel sendo complementada em seu filho bebê, que ela chamará de Jesus e sobre quem ela ouve ser Filho de Deus e Rei de Israel que se assentará no trono de Davi. A profecia de Zacarias se concentra em "uma salvação poderosa" que se levantará na "casa de Davi", que resgatará Israel "da mão dos nossos inimigos" e nos dará um reino eterno de santidade e de justiça. Trata-se da pessoa de Jesus.

João Batista também, praticamente três décadas depois, continua um tema idêntico: ele é a voz que fala sobre aquele que é "mais poderoso do que eu", e que "batizará vocês com o Espírito Santo e com fogo". O reino para Maria, Zacarias e João Batista consiste em uma comunidade governada por um Rei, o Messias. O reino não se limita a uma condição política, como um reino de justiça, paz, amor e santidade. O reino é uma comunidade formada por quatro características que moldam toda a narrativa de Israel: Deus, o rei, os cidadãos e a terra. O rei é Jesus, os cidadãos são aqueles que o seguem, e a terra é o local onde eles personificarão o reino de Deus.

Estamos tão acostumados a essas passagens que podemos facilmente ignorar as declarações impressionantes que são feitas nelas: que a narrativa de Israel encontrou naquele momento a liberdade incrível do seu capítulo final. Se quiser saber como os judeus achavam que o reino seria, leia Salmos 73, e cito o salmo como um todo porque ele desperta em suas palavras as esperanças que Israel nutria pelo rei e o seu reino.

> Reveste da tua justiça o rei, ó Deus,
>   e o filho do rei, da tua retidão,
> para que ele julgue com retidão
>   e com justiça os teus que sofrem opressão.
> Que os montes tragam prosperidade ao povo,
>   e as colinas, o fruto da justiça.
> Defenda ele os oprimidos entre o povo
>   e liberte os filhos dos pobres; esmague ele o opressor!
> Que ele perdure como o sol
>   e como a lua, por todas as gerações.
> Seja ele como chuva sobre uma lavoura ceifada,
>   como aguaceiros que regam a terra.
> Floresçam os justos nos dias do rei,
>   e haja grande prosperidade enquanto durar a lua.
> Governe ele de mar a mar
>   e desde o rio Eufrates até os confins da terra.

Inclinem-se diante dele as tribos do deserto,
    e os seus inimigos lambam o pó.
Que os reis de Társis e das regiões litorâneas lhe tragam tributo;
    os reis de Sabá e de Sebá
    lhe ofereçam presentes.
Inclinem-se diante dele todos os reis,
    e sirvam-no todas as nações.
Pois ele liberta os pobres que pedem socorro,
    os oprimidos que não têm quem os ajude.
Ele se compadece dos fracos e dos pobres,
    e os salva da morte.
Ele os resgata da opressão e da violência,
    pois aos seus olhos a vida deles é preciosa.
Tenha o rei vida longa!
Receba ele o ouro de Sabá.
Que se ore por ele continuamente,
    e todo o dia se invoquem bênçãos sobre ele.
Haja fartura de trigo por toda a terra,
    ondulando no alto dos montes.
Floresçam os seus frutos como os do Líbano
    e cresçam as cidades como as plantas no campo.
Permaneça para sempre o seu nome
    e dure a sua fama enquanto o sol brilhar.
Sejam abençoadas todas as nações por meio dele,
    e que elas o chamem bendito.
Bendito seja o Senhor Deus, o Deus de Israel,
    o único que realiza feitos maravilhosos.
Bendito seja o seu glorioso nome para sempre;
    encha-se toda a terra da sua glória.
        Amém e amém.

Jesus e o reino

O que podemos dizer sobre Jesus? Qual era a sua mensagem do reino? Fluindo diretamente das declarações visionárias de Maria, Zacarias e João Batista, encontramos nos relatos de Jesus quatro temas que revelam o que Ele sabia que Deus estava fazendo naquele momento decisivo (complementar) da narrativa de Israel.

Primeiro — aquele que é mais fácil de ignorar, bem como o menos interessante porque já ouvimos falar sobre ele anteriormente — *Jesus cria que o reino de Deus estava entrando no cenário da história*. Dois textos nos Evangelhos manifestam isso de forma bem clara. A passagem que resume a pregação de Jesus segundo Marcos é a seguinte: "O tempo é chegado... O reino de Deus *está próximo*" (Marcos 1:15). Esse verbo em itálico (no grego ēngiken) não quer dizer que ele "chegou" nem que ele "está próximo", mas que está bem próximo. Ele define algo mais parecido com chegar ao cume de um monte em que se pode ver ao longe no vale a cidade natal, como alguém que está voltando de uma viagem, ou como ver a luz do sol de manhã bem cedo antes que se possa ver a jornada do sol. Mas, mesmo assim, essa palavra indica algo que se acha bem próximo.

O segundo texto desse primeiro tema se refere a algo bem mais próximo, tão próximo que a pessoa tem que dizer: "Ele está aqui!". Em Mateus 12:28, Jesus diz: "Mas se é pelo Espírito de Deus que eu expulso demônios, então *chegou a vocês* o Reino de Deus". Aqui encontramos uma palavra grega diferente, que é *ephthasen*, que significa "veio sobre"; nessa passagem, Jesus acredita de forma clara que a experiência de exorcismo se constitui na manifestação real do reino de Deus que era esperado de longa data. O que Maria, Zacarias e João Batista disseram que estava chegando tinha realmente acontecido.

Não nos daremos ao luxo de ignorar algo nesse contexto: quando se fala que o reino de Deus está chegando ou está próximo, há uma referência a uma série de imagens, de ideias e de expectativas que vem da Bíblia e que estão presentes no mundo dos essênios, dos saduceus, dos fariseus e dos zelotes da época de Jesus. Desde as promessas a Abraão de uma terra, um povo e muitos reis, até a promessa feita a Davi de um rei e de um reino eternos, passando pelas visões proféticas de *shalom*, de justiça e da obediência de coração à Torá, Jesus colocou tudo isso na palavra reino e disse: "Fiquem prontos, porque está quase chegando. Na verdade, em alguns aspectos ele já chegou!". Para Jesus, a palavra "reino" carregava o peso de toda a sua escatologia, e Ele anunciou que sua escatologia estava perto de chegar ao seu derradeiro capítulo.

O segundo consiste na declaração que Jesus faz sobre uma nova sociedade na terra. A sociedade do reino que era esperada de longa data será marcada por mudanças radicais, e para expressar sua visão para o que Deus está próximo de fazer, Jesus cita frases da Canção do Servo de Isaías no início do capítulo 61 e aplica essas palavras a si mesmo em Lucas 4:18-19:

> O Espírito do SENHOR está sobre mim,
>   porque ele me ungiu
>   para pregar boas-novas aos pobres.
> Ele me enviou para proclamar liberdade aos presos
>   e recuperação da vista aos cegos,
>   para libertar os oprimidos
>   e proclamar o ano da graça do Senhor.

Os temas marcantes para essa nova sociedade são as "boas-novas [evangelho]" aos pobres, liberdade aos presos, recuperação da vista aos cegos, liberdade aos oprimidos — e tudo isso como declaração do ano da graça do Senhor. De modo claro, as palavras que foram escritas para os exilados da época de Isaías e que são concretizadas no "Servo"[2] são apropriadas por Jesus para serem aplicadas a si mesmo e àqueles que Ele percebe como "exilados": os pobres, os presos, os cegos e os oprimidos. Tudo isso é capacitado pelo Espírito Santo.

O terceiro tema que Jesus aborda é *a declaração de uma nova cidadania*. As bem-aventuranças de Lucas distinguem — de uma forma parecida com a "cultura da salvação" — aqueles que estão dentro daqueles que estão fora, abordando um tema profundo da Bíblia que surge em sua forma mais pura no capítulo 28 de Deuteronômio, as bênçãos e as maldições. O que Jesus disse em seu famoso sermão impacta e espanta porque todas as pessoas "erradas" estão "dentro" e todas as pessoas "certinhas" estão "fora". O que vemos aqui é uma inversão radical dos cidadãos do reino. Lemos tudo isso claramente em Lucas 6:20-26, sem a necessidade de comentários:

> Olhando para os seus discípulos, ele disse:
> "Bem-aventurados vocês os pobres,
>   pois a vocês pertence o Reino de Deus.
> Bem-aventurados vocês, que agora têm fome,
>   pois serão satisfeitos.
> Bem-aventurados vocês, que agora choram,
>   pois haverão de rir.

---

[2] Com a maior probabilidade foi Jacó-Israel, que não completou sua tarefa e, por causa disso, com certeza se constitui em um símbolo que causa tensão, em vez de ser simplesmente um identificador enigmático. Para um resumo recente das opiniões a respeito, veja J. Goldingay, *The Message of Isaiah 40-55: A Literary-Theological Commentary* (London: T&T Clark, 2005), p. 150-154.

> Bem-aventurados serão vocês, quando os odiarem,
>> expulsarem e insultarem,
>> e eliminarem o nome de vocês, como sendo mau,
>> por causa do Filho do homem.
>
> Regozijem-se nesse dia e saltem de alegria, porque grande é a recompensa de vocês no céu. Pois assim os antepassados deles trataram os profetas.
>
> Mas ai de vocês, os ricos,
>> pois já receberam sua consolação.
>
> Ai de vocês, que agora têm fartura,
>> porque passarão fome.
>
> Ai de vocês, que agora riem,
>> pois haverão de se lamentar e chorar.
>
> Ai de vocês, quando todos falarem bem de vocês,
>> pois assim os antepassados deles trataram os falsos profetas".

O quarto tema sobre o qual os Evangelhos trazem uma clareza enorme é que o reino que Jesus está anunciando é o reino *de Deus*. Esse reino contrasta com o reino do governador Herodes Antipas e do imperador romano Tibério. Aqui temos um chamado radical de Jesus: Ele está convocando todos para se submeterem a *Deus, o Deus de Israel, YHWH, o Criador e Deus da aliança*. O Pai Nosso que Jesus ensinou, que expressa a essência dessa visão e dessa missão, começa exatamente com esse tema:

> Pai nosso, que estás nos céus!
> Santificado seja o teu nome.
> Venha o teu Reino;
> seja feita a tua vontade,
>> assim na terra como no céu (Mateus 6:9-10).

Isso indica um relacionamento pessoal com Deus, que é o Pai, e implica também que Deus passa a ser o único *modem* que tem sinal na terra. Jesus deu a seus seguidores uma visão da vida totalmente envolvida na presença de Deus.

Agora, chegando ao centro do significado do evangelismo com o quinto tema, um ponto que, por um motivo estranho, tanto os especialistas como os pregadores ignoram, Jesus declara que *Ele está no centro do reino de Deus*. João Batista estava na prisão, mas Jesus estava à solta. João dá a dois de seus discípulos a missão de contar a Jesus como ele está, na esperança de que Ele pudesse fazer alguma coisa a respeito de sua prisão. A resposta de Jesus surpreende, mas é a frase final que mostra que Jesus está "evangelizando". Lemos em Lucas 7:22-23, que se baseia claramente nos temas de restauração e de reino de Isaías 29:18-19; 35:5-6 e 61:1 o seguinte:

> Então ele respondeu aos mensageiros: "Voltem, e anunciem a João o que vocês viram e ouviram: os cegos veem, os aleijados andam, os leprosos são purificados, os surdos ouvem, os mortos são ressuscitados e as boas-novas são pregadas aos pobres; e feliz é aquele que não se escandaliza por minha causa".

Aqui precisamos ter alguns dedos de prosa. O que vemos aqui nada mais é que uma resposta parcial à nossa pergunta: será que Jesus pregou o evangelho? Ou, melhor ainda, será que Jesus prega a si mesmo como o complemento da narrativa de Israel? De início, tanto Maria como Zacarias e João Batista destacaram que a narrativa de Israel estava se cumprindo tendo duas pessoas em mente: João Batista e o seu sucessor. Mas isso não minimiza o fato de que Maria, Zacarias e João veem algo que é profundamente messiânico no seu modo de encarar o reino de Deus. Cada um deles apontava para Jesus como a solução do anseio de Israel.

O mais importante é que *Jesus faz a mesma coisa*. A palavra para isso é *audácia* ou um egocentrismo bem forte. As consequências surpreendentes de Lucas 4:16-30, a primeira cena em que Jesus prega, é que Ele tinha a ousadia de achar que as palavras do capítulo 61 de Isaías haviam se cumprido por seu intermédio. O que deve ter impressionado as pessoas que o estavam ouvindo, depois de sua leitura a respeito de o Espírito Santo anunciar uma pessoa que pregasse o evangelho para os pobres, foi a seguinte declaração espantosa: "Hoje se cumpriu a Escritura que vocês acabaram de ouvir" (4:21). Jesus apontou para si mesmo mais uma vez ao responder as críticas antecipadamente. Ele diz: "É claro que vocês me citarão este provérbio", e "Faze aqui em tua terra o que ouvimos que fizeste em Cafarnaum". Ele volta a falar de si mesmo de uma forma parcialmente enigmática: "Digo-lhes a verdade: Nenhum profeta é aceito em sua terra" (4:24). E foi nesse contexto de aparente autopromoção e egocentrismo que o povo daquela vila ficou "furioso" e tentou expulsá-lo imediatamente (4:28-30).

Embora o tema da autopromoção estivesse implícito nas bem-aventuranças, ninguém pode ignorar o fato de que era *Jesus* que estava falando essas coisas, abrindo a porta para algumas pessoas e fechando-a para outras. Com certeza, as características daqueles que estavam dentro ou fora do reino de Deus faziam parte dos temas bíblicos, mas era *Jesus* que agora estava se posicionando e contando às pessoas quem está no reino e quem está fora dele. Mas tudo isso chega a uma conclusão brilhante quando Jesus responde a João Batista: Maria, Zacarias e João Batista se juntam para confirmar as palavras do próprio Jesus: "Feliz é aquele que não se escandaliza por *minha* causa" (Lucas 7:23). Isto é, Jesus não somente acreditava que o reino estava associado a Ele, à sua missão e aos seus ensinos, como também cria que *Ele estava sendo o agente de implantação do reino de Deus na história*. Ninguém resumiu isso de uma maneira mais breve ou memorável do que Orígenes, aquele teólogo primitivo que não se encaixa em nenhuma categoria, quando disse que Jesus não é somente sabedoria, justiça e verdade absolutas, mas também é "reino absoluto". A palavra que Orígenes usou para Jesus foi *autobasileia*, isto é, que Ele é o próprio reino em pessoa."[3]

Será que Jesus pregou o evangelho enquanto falava sobre o reino? A pergunta que estamos sugerindo é a seguinte: Será que ele pregou a si mesmo como complemento da narrativa de Israel enquanto falava sobre o reino? Qualquer pessoa que dissesse o que Jesus disse em Lucas 4:16-30 e qualquer pessoa que visse os capítulos 28, 35 e 61 de Isaías sendo cumpridos por seus próprios milagres e depois falasse às pessoas para que não se escandalizem nele estaria claramente promovendo a si mesmo como o agente messiânico do reino. Portanto, a resposta é afirmativa. Ele pregou o evangelho porque pregava a si mesmo.

Nada poderia ser mais claro do que o conjunto de textos dos Evangelhos que apresentaremos em seguida. Eles se constituem em outra forma de demonstrar que Jesus pregou a si mesmo.

Quem sou eu? Quem é você?

Existe uma série de passagens nos Evangelhos que, se forem lidas de forma rápida, podem tanto confundir como ser estonteantes, mas que também

---

[3] Veja Orígenes, Comentário sobre Mateus 14.7. Portanto, no grego, Jesus é *autosophia*, *autodikaiôsynê*, *autoalêtheia*, e *autobasileia*.

podem ser ignoradas se forem lidas rápido demais. Infelizmente, elas estão espalhadas em uma distância suficiente para que muitas pessoas nem cheguem a notá-las. Mas, se forem observadas com mais cuidado, elas podem levar ao prazer e à essência do próprio evangelho — na verdade, quando as estudamos em conjunto de uma vez, podem produzir um efeito didático profundo em sala de aula, o que tenho presenciado várias vezes.

O que encontramos nessas passagens é um resíduo de várias discussões entre João e Jesus. Mas o que é mais interessante é que elas se ocupam de duas perguntas fundamentais que um tinha a respeito do outro: "Quem sou eu" e "Quem é você?". De forma mais precisa, essas duas perguntas buscam responder uma pergunta simples que Jesus e João Batista parecem estar fazendo a respeito de si mesmos e um ao outro: "Qual é a figura bíblica da qual você é o cumprimento?" Essa pergunta estava sendo feita nas esquinas das ruas da Galileia, chegando até as sedes do poder em Jerusalém, mas a maior pergunta é feita de várias maneiras sutis, e passo a relacionar aquelas que buscaremos responder no momento:

Quem os outros achavam que Jesus era?
Quem os outros achavam que João Batista era?
Quem João Batista achava que era?
Quem João Batista achava que Jesus era?
Quem Jesus achava que João Batista era?
Quem Jesus achava que era?

Existe um prêmio em jogo aqui, porque se pudermos responder a essas perguntas estaremos no caminho de perguntar se Jesus pregou o evangelho.

Começamos com a seguinte pergunta: *quem os outros achavam que Jesus era?* O próprio Jesus refletia sobre isso, portanto Ele perguntou a seus discípulos, e o que eles responderam se encontra em Mateus 16:14: "Alguns dizem que é João Batista; outros, Elias; e, ainda outros, Jeremias ou um dos profetas". Na época de Jesus, havia uma discussão acirrada sobre quem era Jesus, mas o que impressiona o leitor que tem alguma noção do judaísmo do primeiro século é que todos achavam que Jesus era um dos grandes profetas de Israel (inclusive o próprio João Batista) que teria ressuscitado. É claro que só era possível entender Jesus associando-o a um dos profetas de Israel.

Isso, então, leva a uma pergunta posterior: se alguns dos contemporâneos de Jesus se perguntavam se Jesus era na verdade João Batista (que teria ressuscitado), *o que essas mesmas pessoas achavam a respeito de João Batista?* Essa é uma das primeiras perguntas que são abordadas no Evangelho de João. Alguns achavam que João Batista era o messias judaico esperado de longa data, outros achavam que ele era Elias, e outros achavam que ele era "o Profeta" (João 1:19-28). O que devia realmente chamar a atenção é que os contemporâneos de João Batista eram forçados a identificá-lo em alguma pessoa mencionada nas páginas da Bíblia que possuíam.

A única maneira que os contemporâneos de João Batista encontravam para explicar a sua identidade era vê-lo como algum profeta de Israel que tivesse ressuscitado, ou, ainda mais, talvez como o próprio Messias. Mas João respondeu suas perguntas da seguinte forma: "Nenhuma das alternativas anteriores". Ao ser perguntado sobre quem ele era, a melhor resposta que ele encontrou foi a personalidade que é citada no capítulo 40 de Isaías.

Logo, *quem João Batista achava que era?* Ele disse claramente: "Eu sou a voz do que clama no deserto" (João 1:22-23). João achava que ele era a Voz no Deserto. Ele via essa função profética ordenada por Deus no papel da voz em Isaías, e a descrição da missão dessa Voz era de preparar o caminho para a vinda do Senhor.

Falamos bastante sobre o que João Batista pensava sobre si mesmo e o que as pessoas pensavam sobre ele. Embora leve algum tempo para passar pelas curvas das histórias do evangelho sobre esses assuntos, quando chegamos ao nosso destino, que é bem parecido com chegar pela primeira vez na costa de Antrim, na Irlanda do Norte, em um dia lindo de sol, descobriremos um dos horizontes mais evangélicos de toda a Bíblia.

Então passamos à discussão de como Jesus era visto por seus contemporâneos. Vamos começar com João Batista: *quem João Batista achava que Jesus era?* Todos somos ensinados a dizer a palavra "Messias" e prosseguir para questões mais interessantes, mas acho que precisamos ir devagar para refletir sobre essa pergunta de maneira um pouco mais cuidadosa. Em duas vezes nos Evangelhos João Batista realmente fala sobre o que ele acha a respeito de Jesus. Em Mateus 3:11-12, com passagens paralelas em Marcos 1:7-8 e Lucas 3:15-18, João diz que Jesus é "aquele que é mais poderoso do que eu", e ele vê Jesus como aquele que batiza no Espírito Santo e com fogo. João Batista claramente confessa que Jesus é superior a ele, e talvez seja possível associar essas palavras com a palavra "Messias", mas esse vínculo não é tão claro assim.

Além disso, existe a discussão em Lucas 7:18-23, na qual João Batista pergunta a Jesus quem Ele é, e sua pergunta revela que João não tem tanta certeza sobre o que pensar a respeito dele. João Batista pergunta: "És tu aquele que haveria de vir ou devemos esperar algum outro?". Geralmente se lê de forma mais específica, da seguinte forma: "És tu o *Messias*?". O problema em pensar que João estava realmente perguntando se Jesus era o Messias é que a expressão "aquele que haveria de vir" se acha presente na

Bíblia, e não parece se referir (na Bíblia) ao nome "Messias". Essa expressão "aquele que havia de vir" está em Malaquias 3:1-5 e 4:1-6, e ela não se refere ao "Messias", mas a "Elias".[4]

É aí que esse diálogo fica engraçado e até mesmo um pouco estonteante, mas pode parecer que João pensasse que Jesus fosse Elias. Portanto, quando João perguntou se Ele era "aquele que havia de vir" com base nos capítulos 3 e 4 de Malaquias, Jesus respondeu, em vez de utilizar essa passagem, com base em Isaías 29:18-19; 35:5-6 e 61:1. Falando nisso, se essa linha de pensamento na direção de Elias for correta, *fica claro que Jesus discorda de João Batista sobre quem é Jesus e sobre quem é o próprio João Batista!*

Por boas razões, no entanto, nem todos concordam com essa linha de pensamento centrada em Elias. Uma descoberta recente dos Manuscritos do Mar Morto convence cada vez mais que João estava perguntando se Jesus era de fato o Messias. Em um texto que foi rotulado como 4Q521, encontramos um vínculo claro entre a palavra Messias com as expectativas de que o Messias faria exatamente as coisas que João Batista perguntou se Ele estava fazendo. (Coloquei as palavras que falam disso em itálico).

> Porque os céus e a terra ouvirão seu *Messias*...
>
> Pois o Senhor atende aos piedosos e chama os justos pelo nome. Seu espírito paira sobre os humildes, e ele renova os fiéis na sua força. Porque ele honrará os piedosos sobre o trono de seu reino eterno, *libertando os prisioneiros, abrindo a vista aos cegos, levantando os caídos*...

---

[4] Existe um debate especializado sobre este texto. Concordo com essa dimensão do estudo fascinante de J. A. T. Robinson, *Twelve New Testament Studies* (London: SCM, 1984), p. 28-52.

> E o Senhor fará coisas gloriosas que nunca foram feitas, do modo que ele disse. *Porque ele curará quem tem feridas graves, ele ressuscitará os mortos, ele proclamará boas-novas aos aflitos, satisfará os pobres, guiará os refugiados e fará que os famintos sejam ricos.*

Com certeza, esse texto é fascinante, e me parece que ele é o fiel da balança em favor do "Messias".[5] Levaria mais espaço do que temos à disposição para explicar isso de uma maneira mais completa, mas felizmente o nosso interesse neste contexto não é chegar aos detalhes precisos, mas às *próprias perguntas*. Na verdade, essas perguntas são admiráveis: essas duas figuras, Jesus e João Batista, estavam fazendo perguntas a respeito de suas próprias identidades, e os dois se viram refletidos nas páginas das Escrituras.

Se esses fragmentos de conversa entre eles dois nos deixaram um pouco confusos, Jesus desmistifica tudo isso e traz tudo à luz mais clara possível. Começamos a ter algum esclarecimento quando fazemos a pergunta seguinte: *quem Jesus achava que João Batista era?* Jesus disse abertamente que João era Elias. Você pode encontrar essa resposta em Marcos 9:9-13. Os seus discípulos fazem a Jesus a seguinte pergunta: "Por que os mestres da lei dizem que é necessário que Elias venha primeiro?". Jesus respondeu:

> De fato, Elias vem primeiro e restaura todas as coisas. Então, por que está escrito que é necessário que o Filho do homem sofra muito e seja rejeitado com desprezo? Mas eu lhes digo: *Elias* [isto é, João

---

[5] Para estudar os Manuscritos do Mar Morto, veja Florentino García Martínez, *The Dead Sea Scrolls Translated* (Grand Rapids: Eerdmans, 1996).

Batista] *já veio, e fizeram com ele tudo o que quiseram* [cortaram a sua cabeça], *como está escrito a seu respeito.*

Essas palavras finais nos fazem lembrar do capítulo 15 de 1Coríntios: "segundo as Escrituras". Tanto Jesus como João Batista sabiam que tinham uma função a cumprir e que ela se achava nas Escrituras. João estava confuso a respeito do seu papel e o de Jesus, mas Jesus não estava confuso a respeito de nenhum dos dois: Ele declara abertamente que a função de João está "de acordo com as Escrituras" e que ele é o Elias que "veio pela segunda vez".

Isso nos leva agora à pergunta final, e estamos quase chegando no litoral. Só falta um morro para chegar lá. *Quem Jesus achava que era?* Podemos utilizar a passagem do capítulo 7 de Lucas que citamos anteriormente e dizer que Jesus é aquele que traz o reino e que cumpre o papel que Isaías profetizou, ou poderíamos nos basear na confissão de Pedro e ver Jesus como o Messias, ou mesmo examinar várias passagens, das quais algumas quase não são notadas pelos leitores da Bíblia na atualidade. Usaremos este último método, nem tanto com o propósito de chegar a uma resposta definitiva sobre quem era Jesus, mas de modo a demonstrar que Jesus queria de fato *pregar a si mesmo como o centro do plano de Deus para Israel*. A proposta que quero demonstrar agora tem cinco aspectos, e consiste no núcleo da resposta à pergunta que apresentamos sobre se o próprio Jesus pregou o evangelho:

Jesus foi à Bíblia para definir quem Ele era e qual era a sua missão.
Jesus acreditava estar complementando essas passagens bíblicas.
Jesus previu e passou por sua morte e ressurreição.

Portanto, Jesus pregou o evangelho porque pregou a si mesmo.

Jesus pregou o evangelho porque Ele viu a si mesmo como aquele que complementa a narrativa de Israel.

Temos que ensinar algo antes de prosseguir. Ao conversar recentemente com um especialista do Novo Testamento mundialmente reconhecido, eu o ouvir dizer o seguinte: "As pregações no livro de Atos passam a ser totalmente evangélicas somente a partir do capítulo 10".

Então perguntei: "Por que você diz isso?".

Ele respondeu: "Porque nesse capítulo Pedro prega *sobre Jesus*. Antes disso, e durante a vida de Jesus, a mensagem falava a respeito do reino de Deus".

O que mais me surpreendeu nessa declaração é que ela ressuscitou um fantasma que achava que tinha morrido há muito tempo, o fantasma de Rudolf Bultmann, que fez a declaração famosa de que na Igreja Primitiva "o proclamador [Jesus] passou a ser o proclamado".[6] Esse fantasma costumava cochichar que Jesus pregava o reino, mas foi a Igreja que pregou Jesus. Em outras palavras, o *proclamador* passou a ser o *proclamado*, ou aquele que proclamava se tornou o assunto da proclamação. Dá para se perceber a razão pela qual essa declaração se consolidou, e somos obrigados a ter cuidado com o que afirmarmos a respeito do Evangelho e de Jesus e a basear o que afirmarmos nos textos claros da Bíblia. Mas, pensei comigo mesmo enquanto estava sentado ali: um estudo mais cuidadoso

---

[6] Rudolf Bultmann, *Teologia do Novo Testamento* (Santo André, SP: Academia Cristã).

dos Evangelhos mostra um *Jesus que inequivocamente e sem nenhum embaraço se autonomeou governante de Israel.*

Existem exemplos de sobra de "Jesus pregando a si mesmo" nos Evangelhos para que se ignore ou considere isso como uma camada posterior dos Evangelhos que foi acrescentada à medida que os cristãos primitivos (e os evangelistas) refletiram sobre Jesus. Devido ao fato de isso ter sido ignorado e porque Jesus pregou a si mesmo prova que Ele realmente pregou o evangelho apostólico, quero pular essas passagens para dar um destaque indisfarçável, e faço isso por meio de uma repetição enfática do nosso tema: Jesus é o centro da narrativa do Evangelho.

Três passagens que dizem "Olhem para mim!"

Repito que é fundamentalmente importante, se quisermos definir se Jesus pregou o evangelho, examinar as páginas do Evangelho para ver se isso aconteceu — e se Ele fez isso como aquele que cumpriu a narrativa de Israel — como uma narrativa salvadora. Uma resposta afirmativa quanto a isso leva inevitavelmente à conclusão de que Jesus realmente pregou o evangelho. A pergunta não tem a ver com a possibilidade de Jesus ter pregado a justificação; ela se concentra em se Ele pregou que a narrativa de Israel estava sendo complementada na sua narrativa de vida de modo salvífico. Com certeza, a justificação é uma consequência dessa complementação, por ser uma forma de explicar como a narrativa de Jesus salva.

Existem três passagens que nos dizem que Jesus é o centro da narrativa de Israel quanto à visão moral, quanto ao estado de seus líderes e quanto ao significado de sua morte salvífica. Devido ao fato de essas passagens moldarem toda a narrativa de Jesus, nós as consideramos o núcleo do evangelho propriamente dito.

Passagem 1: A visão moral

De lugares inesperados e de vozes que surpreendem, a visão moral de Jesus é elogiada por Gandhi e Tolstói, e no centro dessa visão moral se encontra o Sermão do Monte, e no centro desse sermão se encontra uma série de frases inspiradoras que dão origem à totalidade da visão moral que Jesus proclamou para o seu reino. Apresento agora as palavras de Jesus, que mostram que o *seu comportamento e seus ensinos são entendidos como a consumação, ou o complemento, ou a resolução ou telos da lei e dos profetas do Antigo Testamento!*

> Não pensem que vim abolir a Lei ou os Profetas; não vim abolir, mas cumprir. Digo-lhes a verdade: Enquanto existirem céus e terra, de forma alguma desaparecerá da Lei a menor letra ou o menor traço, até que tudo se cumpra. Todo aquele que desobedecer a um desses mandamentos, ainda que dos menores, e ensinar os outros a fazerem o mesmo, será chamado menor no Reino dos céus; mas todo aquele que praticar e ensinar estes mandamentos será chamado grande no Reino dos céus. Pois eu lhes digo que se a justiça de vocês não for muito superior à dos fariseus e mestres da lei, de modo nenhum entrarão no Reino dos céus (Mateus 5:17-20).

A visão moral de Jesus consistia em uma visão moral da narrativa do Antigo Testamento do início ao fim, mas seus ensinos ainda assim levavam ao seu final. As palavras de Jesus que acabamos de citar indicam que Ele era o rabino definitivo ou o revelador inspirado por Deus ou o Messias da era vindoura, ou que seus ensinos esclarecem e levam a todo o seu cumprimento o que precisava de explicação ou de finalização na Lei de Moisés; mas a coisa que fica mais clara é que ele vê seu ensino como estando em continuidade com o Antigo Testamento, e, de forma mais importante para os nossos propósitos, Ele vê seus ensinos como a revelação e a resolução culminantes do que estava faltando no Antigo Testamento.

Quem sabe deixemos de perceber também o seguinte: Jesus vê a si mesmo como aquele que revela a mente de Deus, e as antíteses de Mateus 5:21-48 ("vocês ouviram... mas eu digo") sem dúvida revelam a mensagem do novo dia de Deus. Que declaração poderosa! A partir desse ponto, conforme Jesus afirma, toda a vida moral das pessoas deve ser medida de acordo com a obediência que as pessoas dedicam à sua visão moral.

Passagem 2: Jesus e os Doze

Jesus não escolheu dez nem cinquenta discípulos, mas escolheu doze. Existe uma razão para Ele ter selecionado "doze" pessoas, e quanto mais a pessoa reflete sobre o que Ele fez, mais tem certeza de que Ele claramente queria fazer uma declaração pública, ou mesmo cósmica, a respeito da narrativa de Israel e como a sua própria narrativa deveria se encaixar nela. Praticamente todas as pessoas na época de Jesus acreditavam que parte da esperança judaica era de que as doze tribos fossem reunidas quando Deus cumprisse seus planos e enviasse o Messias. Judá e Israel novamente seriam o povo de Deus com doze tribos. Pode-se encontrar isso, por exemplo, no capítulo 11 de Zacarias e em Salmos de Salomão 17:50.

Essa dimensão da esperança escatológica do número "doze" não é suficiente. O que é mais fundamental nesse número é o concerto que Deus estabeleceu com Israel. Em várias passagens do Antigo Testamento, o número *doze* indica o povo pactual de Deus na sua plenitude ou totalidade. Não estamos muito longe da verdade ao dizer que o número *doze* se constitui em um termo mais eclesial (ou da Igreja) do que uma palavra profética ou escatológica.

Quando Jesus escolhe os doze (Marcos 6:7-13), portanto, e quando promete a eles que se assentarão em doze tronos (Mateus 19:28), Ele se refere tanto à expectativa profética de Israel quanto à plenitude do povo pactual de Deus. Entretanto, o que pode passar despercebido, de forma vergonhosa na minha opinião, é o seguinte: Jesus não se inclui nos doze. Ele não faz parte deles. Ele está acima deles! Ele é o Senhor ou Rei (ou Messias!) acima dos doze, não somente um deles.

No fim das contas, então, Jesus escolhe os doze para personificar a esperança de uma reunião final das doze tribos; Ele vê os doze como a concretização da plenitude do povo de Deus, e Ele vê a si mesmo como acima dos doze.[7] Voltemos ao nosso tema sobre Jesus e o evangelho com esta declaração: por meio desse gesto de escolher os doze, Jesus está "pregando o evangelho" porque, justamente ao fazer isso, Ele vê a narrativa de Israel chegando ao seu complemento nos doze apóstolos, e vê a si mesmo tanto como aquele que os nomeia como aquele que é Senhor sobre eles.

Passagem 3: Jesus e a sua morte

Existe uma história longa e controversa de estudos teológicos de nível superior no que diz respeito ao conhecimento exato sobre o que Jesus sabia a respeito de sua morte e do que Ele não tinha conhecimento. Eu mesmo me detive nesse debate em um livro bem grande chamado *Jesus and*

---

[7] Este parágrafo se baseia no meu estudo intitulado "Jesus and the Twelve", em D. L. Bock e R. L. Webb, eds., *Key Events in the Life of the Historical Jesus: A Collaborative Exploration of Context and Coherence* (WUNT 247; Tübingen: Mohr Siebeck, 2009), p. 181-214.

His Death [Jesus e a sua morte].[8] Basta dizer que, embora acredite que o método histórico se esgote antes de alcançar sua meta, um método histórico responsável pode concluir de modo coerente que Jesus não somente previu sua morte, mas também *a interpretou*. O que é mais importante neste estudo é que Jesus não se limitou a discernir que sua vida seria interrompida — como não pensar nisso ao saber que a cabeça de João foi servida em uma bandeja? —, mas Ele tinha uma necessidade reflexiva de explicar sua morte iminente e inevitável por meio das próprias Escrituras de Israel. Gostaria de apresentar em seguida duas delas.

Em Marcos 9:31, Jesus profere estas palavras, e muitos pensam que essa é a previsão de sua paixão mais original e primitiva: "O Filho do homem está para ser entregue nas mãos dos homens. Eles o matarão, e três dias depois ele ressuscitará".

Jesus compreende o que está a sua frente — e observa isso — ao associar seu destino com o "Filho do Homem", a figura famosa que se encontra no capítulo 7 de Daniel. O que quero que prestemos atenção agora neste contexto é que *Jesus explicou o que lhe foi destinado — a morte e a ressurreição — recorrendo às Escrituras*. Mas Ele não se limitou a provar algo a partir de referências bíblicas. *Ele via a si mesmo na figura do Filho do Homem que sofreu e foi exaltado*. Será que você não para às vezes para pensar o que você pensaria de alguém que dissesse palavras como essas nos dias de hoje? Fazer isso inevitavelmente leva à seguinte pergunta, do mesmo modo que levou na época de Jesus: "Quem você pensa que é?".

---

[8] Scot McKnight, *Jesus and His Death: Historiography, the Historical Jesus, and Atonement Theory* (Waco, TX: Baylor Univ. Press, 2005).

Depois de sua entrada triunfal em Jerusalém em cima de uma jumentinha, que ao mesmo tempo se constituía em uma zombaria da postura militar arrogante dos romanos ao tomar uma cidade e em um cumprimento histórico da entrada real que Zacarias profetizou, Jesus prega no templo e, algumas noites depois, "encena" uma refeição pascoal durante a qual Ele declara que o seu corpo e o seu sangue trarão libertação (Marcos 14:12-26). Do mesmo modo que Deus protegeu os filhos de Israel na Páscoa porque tinham o sangue nos umbrais das portas como seu povo pactual, Deus protegeria os seguidores de Jesus se eles bebessem do cálice do seu sangue e comessem do pão do seu corpo. Deus, na prática, veria o sangue na porta do coração deles, protegeria e libertaria seus seguidores de Roma e da opressão. Mais uma vez, a narrativa de Israel — em particular a narrativa de Páscoa de Israel — é complementada na narrativa de Jesus: *o que se deve observar é que quem nos conta tudo isso é o próprio Jesus. Ele está testemunhando de si mesmo a respeito de sua centralidade na narrativa de Israel, que chega ao seu cumprimento.*

Mais um exemplo

Se você tiver alguma pergunta sobre se Jesus se via ou não como o complemento salvador da narrativa de Israel e se, por causa disso, pregou o evangelho, eu simplesmente citarei uma história que se encontra no capítulo 24 de Lucas que revela como Jesus era orientado para o evangelho. Essa história acontece quando Jesus, depois de sua ressurreição, explicou aos seus discípulos o sentido de toda a narrativa de Israel e como ela finalmente chega a sua resolução nele mesmo.

O cenário era o seguinte:

Naquele mesmo dia, dois deles estavam indo para um povoado chamado Emaús, a onze quilômetros de Jerusalém. No caminho, conversavam a respeito de tudo o que havia acontecido. Enquanto conversavam e discutiam, o próprio Jesus se aproximou e começou a caminhar com eles; mas os olhos deles foram impedidos de reconhecê-lo. (24:13-16)

Cada pergunta tem sua resposta:

Ele lhes perguntou: "Sobre o que vocês estão discutindo enquanto caminham?". Eles pararam, com os rostos entristecidos. Um deles, chamado Cleopas, perguntou-lhe: "Você é o único visitante em Jerusalém que não sabe das coisas que ali aconteceram nestes dias?". "Que coisas?", perguntou ele. "O que aconteceu com Jesus de Nazaré", responderam eles. "Ele era um profeta, poderoso em palavras e em obras diante de Deus e de todo o povo. Os chefes dos sacerdotes e as nossas autoridades o entregaram para ser condenado à morte, e o crucificaram; e nós esperávamos que era ele que ia trazer a redenção a Israel. E hoje é o terceiro dia desde que tudo isso aconteceu. Algumas das mulheres entre nós nos deram um susto hoje. Foram de manhã bem cedo ao sepulcro e não acharam o corpo dele. Voltaram e nos contaram que tinham tido uma visão de anjos, que disseram que ele está vivo. Alguns dos nossos companheiros foram ao sepulcro e encontraram tudo exatamente como as mulheres tinham dito, mas não o viram". (24:17-24)

Jesus os ensina como ler a Bíblia à maneira do evangelho:

Ele lhes disse: "Como vocês custam a entender e como demoram a crer em tudo o que os profetas falaram! Não devia o Cristo sofrer estas coisas, para entrar na sua glória?". E começando por Moisés e todos os profetas, explicou-lhes o que constava a respeito dele em todas as Escrituras. (24:25-27)

Fica a seguinte pergunta: Como eles reagiram? Não sabemos a resposta, mas sabemos o que aconteceu depois:

> Ao se aproximarem do povoado para o qual estavam indo, Jesus fez como quem ia mais adiante. Mas eles insistiram muito com ele: "Fique conosco, pois a noite já vem; o dia já está quase findando". Então, ele entrou para ficar com eles. (24:28-29)

Eles o reconheceram quando chegaram à mesa, no momento em que ele agiu da mesma maneira que na Última Ceia:

> Quando estava à mesa com eles, tomou o pão, deu graças, partiu-o e o deu a eles. Então os olhos deles foram abertos e o reconheceram, e ele desapareceu da vista deles. Perguntaram-se um ao outro: "Não estavam ardendo os nossos corações dentro de nós, enquanto ele nos falava no caminho e nos expunha as Escrituras?" (24:30-32)

Eles logo se puseram a dar testemunho de Jesus:

> Levantaram-se e voltaram imediatamente para Jerusalém. Ali encontraram os Onze e os que estavam com eles reunidos, que diziam: "É verdade! O Senhor ressuscitou e apareceu a Simão!" Então os dois contaram o que tinha acontecido no caminho, e como Jesus fora reconhecido por eles quando partia o pão. (24:33-35)

Jesus traz paz àqueles que o veem como o próprio evangelho:

> Enquanto falavam sobre isso, o próprio Jesus apresentou-se entre eles e lhes disse: "Paz seja com vocês!" (24:36)

Acabamos de observar o que chamo de passagens que dizem "Olhe para mim!". Quando Jesus fala a respeito da visão moral, Ele se vê como o complemento da Torá e dos profetas. Quando Ele convoca os doze para serem seus apóstolos, Ele está reunindo a esperança com a comunidade pactual de Israel pelo fato de ser seu Senhor. Além disso, quando Jesus fala sobre sua morte prematura, Ele a vê como cumprimento das Escrituras, sobretudo o evento que a define, que é a própria Páscoa. Olha que eu nem me detive em outras passagens em que Jesus disse a que veio, como Mateus 9:13 e 10:34-35, e nem mesmo chegamos a abordar a declaração incrivelmente centrada de Jesus, de que a figura do Filho do Homem retratada no capítulo 7 de Daniel espelha o seu próprio ministério e o seu próprio destino de várias maneiras. Entretanto, já definimos coisas suficientes para dizer que a declaração de João 14:6 consiste em um retrato fiel de quem Jesus achava que era: "Eu sou o caminho, e a verdade, e a vida".

Portanto, voltamos à nossa pergunta, a pergunta que agora ficou bem mais clara.

Conclusão

Será que Jesus pregou o evangelho? Sim, Ele pregou o evangelho porque o evangelho equivale à narrativa de Jesus complementando a narrativa de Israel, e Jesus claramente se colocou no centro do plano salvador de

Israel. Concordo com meu amigo e colega Klyne Snodgrass, que disse que Jesus "não só fazia parte de suas boas-novas, mas era o protagonista do que estava acontecendo".[9] Por sua própria natureza, os Evangelhos equivalem ao evangelho como um todo e Jesus pregou esse evangelho. Novamente o papa Bento XVI entende isso de forma correta: "Portanto, não há descontinuidade entre a mensagem que Jesus proclamou antes da Páscoa com a mensagem pregada pelos discípulos depois da Páscoa e do dia de Pentecostes".[10] Isso se deve ao fato de que Jesus e Paulo pregaram Jesus e Pedro também pregou Jesus, e pregar Jesus é pregar o evangelho.

Na verdade, Jesus sempre diz que Ele e o evangelho são a mesma coisa. Ouça essa sua mensagem registrada em Marcos 8:35: "Pois quem quiser salvar a sua vida, a perderá, mas quem perder a vida *por minha causa* [meu nome] e *pelo evangelho* [em nome do evangelho], a salvará". Neste texto, as expressões "por minha causa" [meu nome]" e "por causa do evangelho" [em nome do evangelho] são trazidas à maior proximidade possível. Responder afirmativamente para Jesus seria dizer sim ao evangelho; aceitar o evangelho equivalia a aceitar Jesus.

Mas isso leva ao que será possivelmente a minha pergunta mais provocadora: o que é evangelismo? Evangelizar ou "pregar o evangelho" é contar a narrativa de Jesus como uma narrativa salvadora que complementa a narrativa de Israel. Qual é a melhor maneira de evangelizar hoje em dia? Será que consiste em usar o plano da salvação e estruturá-lo em algum

---

[9] K. Snodgrass, "The Gospel of Jesus", em *The Written Gospel* (ed. M. Bockmuehl e D. A. Hagner; Cambridge: Cambridge Univ. Press, 2005), p. 31-44, sendo a citação da p. 43.
[10] Joseph Ratzinger [Papa Bento XVI], *Gospel, Catechesis, Catechism* (San Francisco: Ignatius Press, 1977), p. 52.

método de persuasão? Somos levados a perguntar como os apóstolos evangelizavam. O livro de Atos possui sete resumos de pregações evangelísticas. Vamos ver o que podemos aprender com eles.

8

O evangelho de Pedro

JESUS PREGOU O EVANGELHO. Os Evangelhos nos contam exatamente esse evangelho. Paulo passou adiante a tradição apostólica deste evangelho. Cada uma dessas três frentes possui o mesmo evangelho, a declaração de que o anseio na narrativa de Israel encontra uma resolução satisfatória na história perdoadora de Jesus. Elas consistem em três pernas estáveis sustentando a cadeira do evangelho sobre a qual nós nos sentamos.

Entretanto, ainda precisamos de uma quarta perna. Não sei se você já se sentou em uma cadeira com três pernas estáveis que estivesse faltando uma perna ou que a quarta perna estivesse bamba, mas isso já aconteceu comigo. Até dá para se sentar, mas você precisa ficar bem atento para não concentrar seu peso sobre a perna errada e cair de costas de pernas para o ar. Também sei disso por experiência própria. Na verdade, uma das cadeiras que eu me sentei em uma aula certo semestre estava com uma perna bamba... e quando eu me empolgava ou tinha que sair rápido para desenhar alguma coisa no quadro, não era raro eu passar pela experiência de quase cair da cadeira se eu não me equilibrasse rapidamente.

Por alguma razão estranha, a quarta perna da nossa cadeira do evangelho passa despercebida, como se alguém nos tivesse ensinado há muito tempo como se sentar em uma cadeira com três pernas. Aprendemos a fazer isso tão bem que nem sabemos que existe uma quarta perna. Este capítulo colocará essa quarta perna de volta no lugar e nos pedirá para que nos sentemos com toda a certeza de que nos sentamos em uma cadeira com apoios completos. Esta quarta perna nada mais é que a pregação evangelística dos apóstolos no livro de Atos. Deixaremos o evangelho de Pedro ser essa perna, uma vez que já demos uma olhada no evangelho de Paulo.

Entretanto, devido ao fato de que Paulo também tem suas pregações evangelísticas relatadas no livro de Atos, faremos uma pausa de vez em quando para observar como Paulo se posiciona para apoiar a maneira como Pedro prega o evangelho. Em vez de despejar todos os versículos, fazendo que os pontos de conexão entre Pedro e Paulo fiquem entediantes, passarei a citar meu próprio supervisor de doutorado, Jimmy Dunn, uma das principais autoridades mundiais sobre Paulo: em Atos, "Paulo prega a mesma mensagem de Pedro".[1] Reconhecemos que existem diferenças entre

---

[1] J. D. G. Dunn, *The Acts of the Apostles* (Valley Forge, PA: Trinity Press International, 1996), p. 177. Deixe-me justificar esta ideia: o princípio básico é o mesmo: encontramos a narrativa de Israel chegando ao seu auge e cumprimento na narrativa de Jesus (Atos 13:17-22, 32-37). Encontramos um destaque semelhante na morte de Jesus como um ato de injustiça, com Paulo deslocando levemente a culpa para o povo (13:27-28). Nós também encontramos no evangelismo de Paulo um destaque na ressurreição como um ato de

a pregação de um e de outro, mas basta fazer uma nova leitura rápida das pregações de Atos para ver que esses dois grandes apóstolos estavam se posicionando juntos a favor do mesmo evangelho apostólico.

Dois elefantes na sala

Queremos saber como o evangelho primitivo era de fato. Queremos saber como aquela primeira geração de apóstolos evangelizava, e queremos saber como aquele evangelismo primitivo se compara ao que chamamos de evangelismo e de evangelho hoje em dia. Por várias vezes, sem que eu possa explicar o motivo, nossos estudos de evangelismo simplesmente ignoram essas pregações evangelísticas do livro de Atos. É como se houvesse um ou dois elefantes imensos na sala e estivéssemos fazendo o máximo para ignorá-los. Eles estão bloqueando o nosso caminho e impedindo que vejamos a nossa última perna de apoio para entender o evangelho apostólico. Será que existe — ou seja, será que poderia existir — alguma fonte melhor de evangelismo do que cerca de meia dúzia de resumos de pregação da primeira geração dos apóstolos?

Gostaria de tecer duas observações sobre as quais não cedo um milímetro: a primeira é que *existem sete ou oito pregações evangelísticas ou resumos de*

---

vindicação de Jesus da parte de Deus (13:30-31, 32-37). Além disso, esse evangelismo de Paulo leva a, ou se baseia em, uma cristologia na qual o Jesus vindicado leva a um apelo ao arrependimento (13:40-41) para o perdão dos pecados (13:38-39; cf. 17:30). Nas evangelizações mais expressivas de Paulo no livro de Atos (13:16-41 e 17:22-31) não ouvimos referências à exaltação de Cristo à direita de Deus, nem sobre o dom do Espírito Santo. Mas alguém teria dificuldades de negar que o evangelho de Paulo se parece muito com o de Pedro. O fato de que os dois se referem a Salmos 16:10 notavelmente conecta os dois apóstolos (cf. Atos 2:25-28; 13:35).

sermões evangelísticos no livro de Atos. Aqui estão elas (e você pode encontrá-las no apêndice 3):

Atos 2:14-39

Atos 3:12-26

Atos 4:8-12

Atos 10:34-43, com 11:4-18

Atos 13:16-41

Atos 14:15-17

Atos 17:22-31

(Atos 7:2-53)

Se contarmos a pregação de Estêvão no capítulo 7 de Atos, teremos oito pregações ao todo. Se não, só teremos sete. Essas sete (ou oito) pregações consistem em sermões evangelísticos intactos da primeira geração. Se tivermos algum osso protestante em nosso corpo, queremos saber o que eles pregaram e como pregaram, e queremos que o nosso evangelismo se baseie e se molde de acordo com essa pregação. Eles estão bem próximos, levantando as mãos para nos chamar a atenção, e quero conceder a eles a atenção que merecem.

O capítulo 15 de 1Coríntios traz as linhas gerais do evangelho, mas não evangeliza em um cenário público. Ele simplesmente nos conta a essência do evangelho. Os Evangelhos não se constituem em pregações evangelísticas, mas eles de fato equivalem ao evangelho. Mas o que temos no livro de Atos consiste praticamente em resumos da evangelização dos apóstolos Pedro e Paulo, e possivelmente de Estêvão. Já que mencionei Estêvão, gostaria de dizer o seguinte a respeito dele: decidi não levar a sua pregação em consideração porque, embora ela se encaixe completamente nos sermões de Pedro e de Paulo no sentido de que declara com coragem a narrativa de Israel sendo resolvida em Jesus, o final dela não se constitui em um chamado ao arrependimento, à fé e ao batismo, mas em um exercício recriminador de apologética e condenação. Existe alguns aspectos da evangelização nesta pregação, mas ela se enquadra melhor como apologética e alerta profético. Não se perde nada muito importante se ela não for estudada.

Passo agora à minha segunda observação: esses sete resumos de pregações no livro de Atos se constituem em exemplos de pregações *evangelísticas*. Na prática, eles são exemplos do evangelismo do primeiro século. Evitarei comentar cada um deles em particular, mas existem vários exemplos em Atos dos Apóstolos que mostram que as pregações, as proclamações e o ensino de Jesus, Pedro, Paulo e outras pessoas se constituíam em gestos de evangelização:

- Atos 2:40-41: Com muitas outras palavras os advertia e insistia com eles: "Salvem-se desta geração corrompida!". Os que aceitaram *a mensagem* foram batizados, e naquele dia houve um acréscimo de cerca de três mil pessoas.
- 5:42: Todos os dias, no templo e de casa em casa, não deixavam de ensinar e proclamar [as boas-novas de] que Jesus é o Cristo.
- 10:36: Vocês conhecem *a mensagem* enviada por Deus ao povo de Israel, que fala das *boas-novas* de paz por meio de Jesus Cristo, Senhor de todos.
- 10:42: Ele nos mandou *pregar* ao povo e testemunhar que este é aquele a quem Deus constituiu juiz de vivos e de mortos.

- 13:5: Chegando em Salamina, *proclamaram a palavra de Deus* nas sinagogas judaicas. João estava com eles como auxiliar.
- 13:7b: O procônsul, sendo homem culto, mandou chamar Barnabé e Saulo, porque queria *ouvir a palavra de Deus*.
- 13:15: Depois da leitura da Lei e dos Profetas, os chefes da sinagoga lhes mandaram dizer: "Irmãos, se vocês têm uma *mensagem de encorajamento* para o povo, falem".
- 13:26: "Irmãos, filhos de Abraão, e gentios que temem a Deus, a nós foi enviada esta *mensagem de salvação*".
- 13:32: Nós lhes anunciamos as *boas-novas*: o que Deus prometeu a nossos antepassados...
- 14:7: ... onde continuaram a *pregar as boas-novas*.
- 14:21: Eles *pregaram as boas-novas* naquela cidade e fizeram muitos discípulos.
- 16:10: Depois que Paulo teve essa visão, preparamo-nos imediatamente para partir para a Macedônia, concluindo que Deus nos tinha chamado para lhes *pregar o evangelho*.
- 17:18: Alguns filósofos epicureus e estoicos começaram a discutir com ele. Alguns perguntavam: "O que está tentando dizer esse tagarela?". Outros diziam: "Parece que ele está anunciando deuses estrangeiros", pois Paulo estava *pregando as boas-novas a respeito de Jesus e da ressurreição*.
- 28:31: *Pregava* o Reino de Deus e ensinava a respeito do Senhor Jesus Cristo, abertamente e sem impedimento algum.

Essas duas observações me levam a dizer sobre esses dois elefantes na sala que, se ignorarmos essas passagens, cometeremos dois erros colossais:

nós tanto deixaremos de ver *o que* era o evangelho como deixaremos de ver *como* os apóstolos evangelizavam. O livro de Atos, mesmo quando a passagem não começa com um sinal na estrada que diz "Evangelismo apostólico à frente", estrutura todos os vinte e oito capítulos em uma história de evangelismo apostólico de Jerusalém até Roma.

O que nós vemos é exatamente o que escrevemos em seguida.

A narrativa de Israel estruturou o evangelho dos apóstolos

Os apóstolos não eram como os soterianos atuais porque eles não isolavam o evangelho da sua narrativa, nem reduziam o evangelho ao plano da salvação. De fato, os apóstolos eram os evangélicos originais e robustos. Tudo isso tinha a ver com a maneira pela qual o evangelho é estruturado. Pedro e Paulo estruturavam a sua evangelização por meio da malha da narrativa de Israel chegando ao seu destino na narrativa de Jesus. A estrutura deles não vinha da perspectiva de uma teoria da expiação — seja a teoria do resgate, seja a teoria da substituição penal. A salvação e a expiação fluem do evangelho, e Paulo pode chamar seu evangelho de "mensagem da salvação" (13:26), mas nem a expiação nem a salvação consistiam em como os apóstolos estruturavam o evangelho.

Desde a pregação de Pedro, que transformou o mundo, no capítulo 2 de Atos até o sermão de Paulo no Areópago no capítulo 17 desse mesmo livro, foi a narrativa de Israel que moldou o modo de eles evangelizarem. Se quisermos evangelizar da forma correta, teremos que nos recordar que no núcleo daquele evangelho da tradição apostólica do capítulo 15 de 1Coríntios se encontram as palavras "segundo as Escrituras". Conforme estudaremos neste capítulo, as pregações do livro de Atos trazem músculos e gordura para esse esqueleto "segundo as Escrituras" na tradição apostólica do evangelho.

Como se manifestava essa expressão "segundo as Escrituras" em meio à pregação deles? Na primeira pregação evangelística de Pedro, da qual temos as linhas gerais em Atos 2:13-21, ele cita Joel 2:28-32, Salmos 16:8-11 e Salmos 110:1. (Volto a dizer que você pode ler as pregações de Pedro no Apêndice 3). Pedro viaja de volta no tempo para as profundezas da narrativa de Israel para que pudesse demonstrar que toda essa narrativa aponta para o futuro em Jesus Cristo e o dia de Pentecostes. A profundidade de suas ideias revolucionárias e a capacidade de sua memória no capítulo 2 de Atos revelam o que pode ser a mudança teológica mais importante entre os apóstolos: a ressurreição de Jesus e a experiência profunda com o Espírito Santo no dia de Pentecostes levaram os apóstolos a uma "revolução hermenêutica". De repente, eles tinham novos olhos para reler e reinterpretar o Antigo Testamento a partir da perspectiva da narrativa de Jesus. Precisamos nos lembrar constantemente de que os apóstolos que evangelizaram desta maneira não tinham iPads, nem iPods ou iPhones com algum mecanismo de busca na Bíblia instalado, com o qual poderiam pesquisar alguma palavra escolhida na Escritura. Os apóstolos possuíam memória, e essa memória foi tão reconfigurada pela narrativa de Jesus que o seu modo de ler a Bíblia foi transformado.

No seu segundo sermão evangelístico, que se encontra em Atos 3:22-23, Pedro cita Deuteronômio 18:15, 18-19, essa passagem famosa no Antigo Testamento sobre o profeta futuro à semelhança de Moisés. De acordo com a pregação de Pedro, esse profeta é Jesus. Em Atos 3:25, Pedro cita Gênesis 22:18 ou 26:4 — dois textos que mencionam a bênção aos gentios — para estabelecer as origens abraâmicas do evangelho.² Em Atos 10:43, Pedro termina o evento evangelístico na casa de Cornélio fazendo uma afirmativa que somente pessoas que estão muito distantes, como nós, podem ignorar sua extravagância: "*Todos* os profetas testificam sobre Jesus Cristo".

Do mesmo modo que Pedro, o apóstolo Paulo em sua pregação evangelística mais completa e famosa, que se encontra em Atos 13:16-41, começa com as seguintes palavras: "Israelitas e gentios que temem a Deus, ouçam-me! O Deus do povo de Israel escolheu nossos antepassados" (13:16-17), e ele prossegue de forma direta pela história de Israel até chegar a Jesus com estas palavras: "Da descendência desse homem [Davi] Deus trouxe a Israel o Salvador Jesus, como prometera" (13:23). Não houve o emprego de muitas palavras antes que Paulo resumisse a sua mensagem desta forma: "Nós lhes anunciamos as boas-novas: o que Deus prometeu a nossos antepassados ele cumpriu para nós, seus filhos, ressuscitando Jesus" (13:32-33). Essa é a narrativa estruturadora do evangelho para os apóstolos. Essa narrativa estruturadora está tão presente que deixamos de ser fiéis ao evangelho apostólico se deixarmos de fazer dela o alicerce da nossa apresentação do evangelho.

Essas citações das Escrituras não se constituem em muletas apologéticas em uma pregação que podia ser muito bem entregue sem elas. Muito

---

² Quem sabe Pedro tenha antecipado, sem saber, a missão gentia com essas palavras porque ele não oferece — pelo menos com entusiasmo — o evangelho aos gentios por mais sete capítulos. Em Gálatas, Paulo utilizará esse versículo de bênção para as nações, e pode-se refletir se ele se baseou em parte nas pregações evangelísticas de Pedro. (Paulo sugere no capítulo 1 de Gálatas que ele não obteve essa ideia de Pedro).

pelo contrário, o evangelho dos apóstolos consistia na narrativa de Jesus resolvendo a narrativa de Israel. Os textos do Antigo Testamento que os apóstolos citavam estavam longe de ser muletas; eram os postes de iluminação que ajudavam Israel a encontrar o caminho de Abraão até Jesus.

Enquanto escrevia os parágrafos acima, eu também estava pensando sobre como frequentemente esse modo de ler toda a Bíblia destacando Jesus Cristo ocorre em outras passagens do Novo Testamento, de tal maneira que temos que dizer que a narrativa de Jesus levava a uma "conversão da imaginação deles".[3] Veja o que Pedro escreveu em 1Pedro 1:10-12:

> Foi a respeito dessa salvação que os profetas que falaram da graça destinada a vocês investigaram e examinaram, procurando saber o tempo e as circunstâncias para os quais apontava o Espírito de Cristo que neles estava, quando lhes predisse os sofrimentos de Cristo e as glórias que se seguiriam àqueles sofrimentos. A eles foi revelado que estavam ministrando, não para si próprios, mas para vocês, quando falaram das coisas que agora lhes foram anunciadas por meio daqueles que lhes pregaram o evangelho pelo Espírito Santo enviado do céu; coisas que até os anjos anseiam observar.

Ou esta passagem de Hebreus 1:1-4:

> Há muito tempo Deus falou muitas vezes e de várias maneiras aos nossos antepassados por meio dos profetas, mas nestes últimos dias falou-nos por meio do Filho, a quem constituiu herdeiro de todas

---
[3] Essa expressão vem do livro de Richard Hays, *The Conversion of the Imagination* (Grand Rapids: Eerdmans, 2005).

as coisas e por meio de quem fez o universo. O Filho é o resplendor da glória de Deus e a expressão exata do seu ser, sustentando todas as coisas por sua palavra poderosa. Depois de ter realizado a purificação dos pecados, ele se assentou à direita da Majestade nas alturas, tornando-se tão superior aos anjos quanto o nome que herdou é superior ao deles.

O que os profetas desejavam expressar em símbolos que eles mesmo tinham dificuldade de compreender e o que eles estavam tendo uma amostra de formas que não conseguiam entender de forma completa apareceu de repente um dia na terra de Israel, e o seu nome era Yeshua ben Yoseph e Miriam. No momento em que tiveram um encontro impactante com Ele, a Bíblia que eles possuíam passou a ser um livro novo, *exatamente porque eles a liam como evangelho*.

Voltemos à evangelização de Pedro.

Os apóstolos declaram toda a narrativa de Jesus como evangelho

O evangelismo de Pedro também sopra vida nos ossos do capítulo 15 de 1Coríntios, e isso significa que fazia parte do seu evangelho contar toda a narrativa de Jesus Cristo, inclusive sua vida, sua morte, sua ressurreição, sua exaltação, o dom do Espírito Santo, sua segunda vinda e o desfecho da história para que Deus seja tudo em todos. A razão pela qual temos que dizer isso é porque com bastante frequência temos...

> reduzido a vida de Jesus à Sexta-feira Santa, e portanto reduzimos o evangelho à crucificação, e então os soterianos reduziram Jesus a simples operações de um Salvador.

Isso não acontecia na evangelização primitiva, porque nessas pregações apostólicas do início da Igreja vemos a vida inteira de Jesus. Na verdade, se tivermos que identificar um ponto de destaque que eles davam na vida de Jesus era à ressurreição. O evangelho apostólico não poderia ser explicado, pintado ou resumido a um crucifixo. Esse evangelho exigia a expressão de uma cruz vazia por causa do túmulo vazio. O exemplo mais claro da exposição de toda a vida de Jesus por parte de Pedro com um destaque do evangelho da cruz que leva à ressurreição se percebe em Atos 10:36-42, e peço que leia toda essa passagem bem lentamente:

> Vocês conhecem a mensagem enviada por Deus ao povo de Israel, que fala das boas-novas [evangelho] de paz por meio de Jesus Cristo, Senhor de todos.

Essa mensagem se espalhou por toda a Judeia, começando na Galileia, depois do batismo que João pregou:

> Como Deus ungiu a Jesus de Nazaré com o Espírito Santo e poder, e como ele andou por toda parte fazendo o bem e curando todos os oprimidos pelo diabo, porque Deus estava com ele.
>
> Nós somos testemunhas de tudo o que ele fez na terra dos judeus e em Jerusalém, onde o mataram, suspendendo-o num madeiro. Deus, porém, o ressuscitou no terceiro dia e fez que ele fosse visto, não por todo o povo, mas por testemunhas que designara de antemão, por nós que comemos e bebemos com ele depois que ressuscitou dos mortos. Ele nos mandou pregar ao povo e testemunhar que este é aquele a quem Deus constituiu juiz de vivos e de mortos.

Esse texto não é tão completo, mas se acrescentarmos o que encontramos em Atos 2:22-35; 3:13-15, 19-21 e 10:37-42, descobrimos que Pedro pregou toda a narrativa de Jesus como Messias.[4] Vamos nos recordar mais uma vez de que essas pregações de Atos nada mais são que pregações evangelísticas dos apóstolos. O próprio evangelho que eles declaravam parecia com o texto que acabamos de citar, e alguns hoje pregam o mesmo evangelho.

A pastora Fleming

A pastora Fleming Rutledge é considerada uma das melhores pregadoras dos Estados Unidos. Ela é uma das escritoras que mais vende livros, e dedicou anos de seu ministério de pregação ao livro de Romanos e à revelação de seus mistérios a respeito do pecado e da morte por meio do evangelho. Quando ela prega, e existe uma coleção de suas pregações sobre Romanos intitulada *Not Ashamed of the Gospel* [Eu não me envergonho do evangelho],[5] dá um destaque apostólico à cruz e à ressurreição — e ela recorre várias vezes à narrativa mais ampla de Jesus em sua vida e em seus ensinos enquanto expõe a grandeza de Romanos. Então, ouça essas palavras a respeito da redenção nos acontecimentos da vida de Jesus que resumem todo o seu ministério:

> [...] precisamos lembrar que só existe uma maneira pela qual podemos participar da vitória de Cristo sobre os poderes demoníacos.

---

[4] Abrangendo sua vida (2:22; 10:37-38; cf. 11:16), sua morte (2:23; 3:13-14; 10:39), sua ressurreição (2:24-32; 3:15; 10:40-42), sua exaltação (2:33), o dom do Espírito Santo (2:33-35), e a sua segunda vinda como juiz (3:20; 10:42).

[5] Fleming Rutledge, *Not Ashamed of the Gospel* (Grand Rapids: Eerdmans, 2007), p. 157-163.

Só podemos fazer isso se andarmos no seu caminho. Se tentarmos agir da nossa própria maneira, nós voltaremos ao domínio do pecado e da morte. O único caminho para a vitória é mediante a cruz de Cristo.

Ela também foca no poder do evangelho para os dias de hoje:

> Os jovens na atualidade se deparam com muitas pressões para assumir vários "estilos de vida". As mensagens são essencialmente as mesmas... e o seu estilo de vida será ilimitado.
> Isso não passa de uma mentira deslavada. Nada disso é verdade. Nenhuma dessas coisas pode trazer vida. Por trás de todas elas se encontra o sinal do pecado e da morte. No entanto, hoje existem boas-novas para nós. Estou entre vocês como companheira de prisão que traz notícias de uma libertação iminente. *O primeiro Adão é forte, mas o segundo Adão, Cristo, é mais forte ainda!*

Aí está: Jesus morreu conosco, em nosso lugar e por nós, mas Deus ressuscitou Jesus dentre os mortos, e essa ressurreição libera o poder do homem mais forte para aqueles que se incorporam à narrativa de Jesus. O homem mais forte dá a vitória por meio de sua morte e ressurreição.

Os sermões da pastora Fleming, inclusive o que se chama "A reconstrução do mundo", me levaram de volta ao capítulo 15 de 1Coríntios. Mas a exaltação do rei Jesus faz parte tanto do evangelho da pastora Fleming como do evangelho de Pedro. Isso leva ao dia de Pentecostes e à presença capacitadora do Espírito Santo nas igrejas primitivas e nos dias de hoje.[6]

---

[6] Novamente dirijo sua atenção a Darrell Bock, *Recovering the Real Lost Gospel*.

Observe que é o Jesus exaltado que está habilitado a enviar o Espírito Santo (2:33). De Atos 1:8 em diante, o Espírito Santo ressalta tudo o que é importante, portanto, quero reunir alguns textos bíblicos para esclarecer ao máximo tudo isso: Jesus tinha o Espírito Santo (10:38) e depois compartilhou o Espírito Santo com toda a Igreja. Este Espírito de Pentecostes é distribuído para todos (2:1-4), Ele capacitava os profetas com profecias, sonhos e visões (2:17-18; 11:28; 13:4; 21:11), e o crente arrependido recebe o Espírito Santo juntamente com o perdão dos pecados (2:38; 5:32; 8:15-17; 10:44-47).

Basta fazer uma leitura rápida de Atos para observar os efeitos do evangelho apostólico: "Depois de orarem, tremeu o lugar em que estavam reunidos; todos ficaram cheios do Espírito Santo e anunciavam corajosamente a palavra de Deus" (Atos 4:31; cf. 6:10; 7:55; 13:4,9; veja também 16:6-7; 19:6).

Os apóstolos resumiram o evangelho em palavras sobre Jesus

Vivo e moro com especialistas que examinam os evangelhos para discernir como era Jesus de verdade, e acabamos entrando em contato com vários tipos diferentes de Jesus: o ativista social, o profeta, o fazedor de milagres, o gênio religioso, o contestador social, o republicano, o democrata, o marxista, o anti-imperialista... e essa lista é interminável. Mas se quisermos fazer uma releitura do evangelho original, precisamos perguntar como os apóstolos classificavam Jesus Cristo. Quais eram as palavras e os títulos de Jesus que os apóstolos usavam enquanto evangelizavam? A resposta a essa pergunta é fundamental se quisermos entender o evangelho apostólico.

Pedro fez afirmações fantásticas sobre Jesus; se elas não fossem verdadeiras seriam ridículas por serem tão incríveis. O Jesus de Nazaré que Pedro apresentava, aquele que viveu, morreu, foi ressuscitado, ascendeu ao céu e foi entronizado, tanto é *Messias de Israel* como *Senhor de todo o mundo*. Essas são as palavras do evangelismo primitivo no livro de Atos, e, se quisermos ser fiéis à Bíblia, essas também devem ser as nossas. Esses títulos de Jesus contam a narrativa evangélica de Jesus. Portanto, lemos em Atos 2:36:

> Portanto, que todo Israel fique certo disto: *Este Jesus, a quem vocês crucificaram, Deus o fez Senhor e Cristo.*

Além disso, em Atos 10:34-38, em que Pedro justifica a evangelização de gentios como Cornélio, lemos o seguinte:

> Então Pedro começou a falar: "Agora percebo verdadeiramente que Deus não trata as pessoas com parcialidade, mas de todas as nações aceita todo aquele que o teme e faz o que é justo. Vocês conhecem a mensagem enviada por Deus ao povo de Israel, que fala das boas-novas de paz por meio de Jesus Cristo, *Senhor de todos*. Sabem o que aconteceu em toda a Judeia, começando na Galileia, depois do batismo que João pregou, como Deus *ungiu* a Jesus de Nazaré com o Espírito Santo e poder, e como ele andou por toda parte fazendo o bem e curando todos os oprimidos pelo diabo, porque Deus estava com ele.

Pedro estava lendo uma Bíblia que o levava a ver Deus em ação conduzindo a narrativa de Israel para a narrativa de Jesus, e o Jesus dessa narrativa nada mais é que o verdadeiro Rei e Senhor sobre todos (cf. também

2:39; 3:25-26; 10:44-47; 11:16-18). Pedro sabia disso porque Deus ressuscitou Jesus da sepultura. Existem outras palavras que Pedro usava para identificar Jesus, inclusive "servo" (3:13), "o Santo e Justo" (3:14), "o autor da vida" (3:15), e o "profeta" (3:22-23), mas elas só complementam seus dois termos principais, "Messias" e "Senhor". Todos os apóstolos viam Jesus como Messias e Senhor, e tudo o que se precisa fazer é abrir a Bíblia em qualquer carta do Novo Testamento para que essas palavras pulem de suas páginas. Tudo o que os apóstolos falavam era sobre o Rei Jesus.

Sou grato pelo trabalho dos historiadores que explicam Jesus, mas aqueles que são fiéis ao evangelho apostólico possuem uma série de termos que definem quem Jesus era, é e há de ser, o que Jesus fez e como devemos nos aproximar dele: Jesus é Messias e Senhor, e, por ser tudo isso, Ele é o Salvador, o Filho de Deus e o Servo do Senhor. Possivelmente precisamos nos lembrar novamente de que esses títulos se baseiam na narrativa de Israel, mas não se limitam a ser títulos sábios; o uso dessas palavras *interpreta* toda a narrativa de um modo que chega até mesmo a redefini-la. Ao usar esses termos (em vez de palavras latinas como *dominus* ou César), os apóstolos estavam dizendo que a narrativa que eles estavam contando estava chegando ao seu ponto de resolução em Jesus porque Ele era o verdadeiro rei de Israel.

Não custa nada repetir: o evangelho apostólico era estruturado de tal forma que a narrativa *era centrada e girava em torno de Jesus*. Evangelizar consistia (e ainda consiste) em declarar a verdade nobre a respeito do Rei Jesus. Jesus era (e é) o evangelho. Neste capítulo, damos destaque a Pedro, mas existe algo a respeito da evangelização de Paulo em Atos que merece a nossa atenção antes de retornarmos à pregação de Pedro propriamente dita.

O apóstolo Paulo abre um novo caminho ao adaptar o evangelho aos que o ouvem

O apóstolo Paulo era o "apóstolo dos gentios" enquanto Pedro era o "apóstolo dos judeus". Existe alguma diferença no modo pelo qual esses dois apóstolos pregavam o evangelho? Será que eles declaravam o mesmo evangelho e a mesma narrativa a judeus e a gentios? Com certeza, existe espaço para alguma diversidade ou para estruturas diferentes de evangelização. Na verdade, existe um espaço bem grande, e é justamente em Paulo que vemos essas adaptações. O grande apóstolo dos gentios tinha descoberto que eles faziam parte do plano de Deus para o evangelho, então ele se dedicava de modo incansável para pregar para o mundo gentio. Quando se pega alguém como Paulo, que tinha um raciocínio rápido e um desejo de convencer, e o comissiona para evangelizar em qualquer uma das cidades principais do Mediterrâneo (seja a Atenas que se voltava à filosofia ou a Roma cheia de orgulho), vemos a adaptação de suas palavras em uma mensagem inteligível e desafiadora para a sua audiência específica.

Vamos começar por uma das cidades menores em que Paulo pregou, que é Listra, na Ásia Menor. Depois de uma cura milagrosa, os cidadãos de Listra estavam dispostos a tratar seus mensageiros como deuses:

> Ao ver o que Paulo fizera, a multidão começou a gritar em língua licaônica: "Os deuses desceram até nós em forma humana!". A Barnabé chamavam Zeus e a Paulo Hermes, porque era ele quem trazia a palavra. O sacerdote de Zeus, cujo templo ficava diante da cidade, trouxe bois e coroas de flores à porta da cidade, porque ele e a multidão queriam oferecer-lhes sacrifícios. (Atos 14:11-13)

Esta sequência de acontecimentos soa quase cômica para o leitor atual, mas não para o mundo romano de Paulo. Vendo a intenção deles, a qual qualquer judeu devoto teria imediatamente reconhecido como idólatra e blasfema, Paulo encontra uma maneira de dissuadi-los de seus instintos pagãos. Ele molda sua mensagem do evangelho recorrendo a alguma revelação natural e a algum bom senso à moda antiga. No entanto, o que precisamos ver nesse contexto é que a adoração a ídolos se constitui em um alvo natural para o evangelho de Paulo *porque envolvia a natureza de Deus e o senhorio do Rei Jesus.*

> Homens, por que vocês estão fazendo isso? Nós também somos humanos como vocês. Estamos trazendo boas-novas para vocês, dizendo-lhes que se afastem dessas coisas vãs e se voltem para o Deus vivo, que fez o céu, a terra, o mar e tudo o que neles há. No passado ele permitiu que todas as nações seguissem os seus próprios caminhos. Contudo, não ficou sem testemunho: mostrou sua bondade, dando-lhes chuva do céu e colheitas no tempo certo, concedendo-lhes sustento com fartura e enchendo de alegria os seus corações (Atos 14:15-17).[7]

---

[7] Muitos associam as palavras de Paulo nesse contexto a 1Tessalonicenses 1:9-10, onde ele resume o que deve ter sido uma conversão comum das idolatrias, pois ele relata o seguinte das pessoas daquelas regiões: "pois eles mesmos relatam de que maneira vocês nos receberam, como se voltaram para Deus, deixando os ídolos a fim de servir ao Deus vivo e verdadeiro, e esperar dos céus a seu Filho, a quem ressuscitou dos mortos: Jesus, que nos livra da ira que há de vir".

Independentemente de sua capacidade para adaptar o contexto, aqueles ouvintes gentios não impediram Paulo de perceber o rumo da história por meio da narrativa bíblica de Israel que encontrou o seu complemento na narrativa de Jesus. O resumo da fala em Listra se baseia profundamente na narrativa da criação, de que o Deus único e verdadeiro é Criador e que os seres humanos não devem invadir esse espaço sagrado. Adão e Eva tentaram fazer isso; aqueles que construíram a torre de Babel também tentaram; os pagãos faziam isso de modo contumaz, mas o evangelho se opõe a qualquer profanação desse espaço sagrado: só o Senhor é Deus!

No Areópago e em Atenas, que era a cidade mais famosa entre os gregos, certamente um lugar em que Paulo estava evangelizando gentios que não tinham o mínimo conhecimento das Escrituras de Israel, com certeza ele teve seu maior desafio intelectual. Ele passou por isso, mas isso não o impediu de abrir espaço para Jesus, trazendo um resumo da história de Israel — deixando de fora a eleição e tudo o que se refere aos pactos de Deus com esse povo. Ele observou seus ídolos inúteis, imaginou que eles desejassem um monoteísmo robusto, e depois proclamou aos gentios que o ouviram que, na verdade, o Deus único de Israel é o verdadeiro Criador. Nesse ponto, Paulo sem dúvida estava recorrendo aos capítulos 1 e 2 de Gênesis. Além disso, diante dos santuários, dos templos e dos ídolos no lugar mais público de todos, o apóstolo declarou com ousadia que esse Deus único de Israel não habita em estruturas físicas. Igualmente ele fez um recorte da narrativa de Israel a respeito de Adão e da unidade de todos os seres humanos dizendo: "De um só [Adão, sugerindo Eva, com certeza] fez ele [Deus] todos os povos, para que povoassem toda a terra" (Atos 17:26). Paulo bebeu da fonte de sua narrativa única: a narrativa de

Israel. Ela era moldada profundamente pela santidade suprema do senhorio de Deus.

Na verdade, Paulo adapta o evangelho a seus ouvintes das mais variadas maneiras, e indicarei dois exemplos. Ele destaca primeiramente *aquilo que judeus e gentios possuem em comum*. Deus é o Criador invisível de tudo o que foi criado, dando a entender que Deus é comum a todas as religiões (Atos 17:24-30). O que também existe em comum pode ser chamado de "apologética implícita". Com isso quero dizer que existe algo em todo ser humano que deseja encontrar Deus, e que esse instinto de busca vem de Deus e atrai o homem até Ele. Paulo discerne esse anseio pela divindade a partir dos ídolos em volta de Atenas, especialmente aquele que traz a incrição "ao Deus desconhecido" (17:23). Logo, Atos 17:27-28 possui algumas linhas que começam (muito provavelmente) com uma citação de Epimênides e terminam com uma citação de Arato, um poeta do século 3:

> Deus fez isso para que os homens o buscassem e talvez, tateando, pudessem encontrá-lo, embora não esteja longe de cada um de nós. 'Pois nele vivemos, nos movemos e existimos', como disseram alguns dos poetas de vocês: 'Também somos descendência dele'.

Sinto um pouco da angústia de Paulo. A minha própria viagem às ruínas tanto de Pompeia na costa amalfitana quanto da Óstia Antiga, que era um porto de Roma no século I, me impressionou com a presença constante de altares, santuários, templos e de uma religiosidade ostensiva. Essa presença impressionante de ídolos era uma ameaça tanto ao monoteísmo judeu como ao cristão e provocava reações e críticas constantes na literatura judaica. No entanto, temos que nos lembrar de que, devido ao fato de o próprio evangelho declarar que o rei Jesus é o verdadeiro Senhor sobre todos, o evangelismo implicava em se concentrar nos deuses falsos e nas idolatrias dos romanos que ouviam essa mensagem.

Outro exemplo de adaptação é que *Paulo não falou diretamente nem de Jesus Cristo nem da crucificação de Jesus Cristo enquanto estava no Areópago*. É necessário citar o que Paulo disse:

> No passado Deus não levou em conta essa ignorância, mas agora ordena que todos, em todo lugar, se arrependam. Pois estabeleceu um dia em que há de julgar o mundo com justiça, *por meio do homem que designou. E deu provas disso a todos, ressuscitando-o dentre os mortos*.

Os ouvintes de Paulo com certeza não conheciam a narrativa de Israel o suficiente para saber que decisão tomar a respeito desse Jesus judeu. Então Paulo parte daquilo que eles conhecem. Ele permite que todo o peso da mensagem do evangelho fique nas costas da ressurreição desse homem específico, Jesus Cristo, como prodígio do Deus verdadeiro. Entretanto, abordar o assunto da ressurreição fica longe de ser um esforço de adaptação. É necessário observar que a noção que Paulo apresenta a respeito da "ressurreição" não se encaixa nos termos da crença platônica da "imortalidade da alma", e o livro *A ressurreição do Filho de Deus* de N. T. Wright demonstra isso várias vezes.[8] A ressurreição como "uma série de existências depois da morte" não é a mesma coisa que uma alma imortal retornar

---

[8] N. T. Wright, *A ressurreição do Filho de Deus* (São Paulo: Ed. Paulus, 2020).

...po depois de sair dele. O que Paulo diz a respeito da ressurreição ...nstitui como um princípio básico entre os atenienses, mas possuía ...erença brutal. Este judeu evangelizador lhes deu um golpe justa... ...aquilo em que eles tinham mais confiança, e baseava seu evange... ...a diferença.

Pode ser que eu tenha exagerado um pouco neste elemento da ressurreição. O peso real na evangelização de Paulo no Areópago parece ser carregado da melhor maneira à moda do evangelho verdadeiro na *cristologia* de Paulo. As palavras do apóstolo são que Deus um dia julgará todo o mundo "por meio do homem que designou" (Atos 17:31). Quando terminamos de ouvir em nossa imaginação o que Paulo disse no Areópago, a primeira pergunta que muitas pessoas, se não a maioria delas, poderiam ter feito seria: "Quem é esse Jesus?". Ou "Quem é esse homem? Por que ele é o juiz de todos? Por que ele ressuscitou?". Essas são exatamente as perguntas que Jesus suscitou durante sua vida terrena. O evangelismo verdadeiro que se encaixa no evangelho apostólico lida diretamente com a identidade de Jesus, e tudo o que o evangelista tem a dizer deve ir nessa direção. Chegando a esse ponto, o evangelismo no livro de Atos convoca os ouvintes a terem uma reação correspondente.

Os apóstolos faziam um apelo para que as pessoas o atendessem

O evangelismo apostólico no livro de Atos traz um apoio poderoso para o potencial do evangelho em nosso tempo. Uma das contribuições mais importantes que Atos traz para o evangelismo é ao *método* — porque é nessas pregações que percebemos como os apóstolos faziam um apelo às pessoas. Além disso, eles são coerentes: para participar na narrativa de

Jesus, os apóstolos chamavam as pessoas a *crer, se arrepender e ser ba...* Afirmaria que não existe nenhum evangelismo que não inclui um ap... para que se tenha uma resposta de fé, de arrependimento e de batismo.

Um bom exemplo desse processo está no apelo de Pedro às pessoas para que *creiam*, que se encontra nos capítulos 10 e 11 de Atos, e esse verbo nesse contexto significa "confiar todo o seu ser e a sua salvação a Jesus Cristo".[10] Observe estes dois versículos:

> Todos os profetas dão testemunho dele, de que todo aquele que nele crê recebe o perdão dos pecados mediante o seu nome. (Atos 10:43)

> Se, pois, Deus lhes deu o mesmo dom que nos dera quando cremos no Senhor Jesus Cristo, quem era eu para pensar em opor-me a Deus? (11:17)

Além disso, Paulo pede a mesma reação em 13:38-39:

> Portanto, meus irmãos, quero que saibam que mediante Jesus lhes é proclamado o perdão dos pecados. Por meio dele, todo aquele que crê é justificado de todas as coisas das quais não podiam ser justificados pela lei de Moisés.

---

[9] A respeito do batismo, veja agora E. Ferguson, *Baptism in the Early Church: History, Theology, and Liturgy in the First Five Centuries* (Grand Rapids: Eerdmans, 2009), esp. 166-185.

[10] Isso é enfático no Evangelho de João, onde o verbo "crer" (pisteuō) em suas várias formas aparece praticamente cem vezes e se refere à confiança, à perseverança, à obediência, ao compromisso e à orientação da pessoa a partir de sua união com Cristo.

Crer significa mais do que simplesmente concordar mentalmente com alguma verdade, mesmo que essa verdade seja a de que Jesus é o Messias e Senhor sobre todos. Todo o rumo da narrativa de Israel e da narrativa de Jesus nos apresenta um mundo em que o povo de Deus confia e depende dele, e esse relacionamento de confiança gera uma vida de obediência, santidade e amor. Nosso relacionamento com Deus é retratado por Oseias nos termos de um casamento e, do mesmo modo que o marido e a mulher não são infiéis em nenhum momento, mas também são cheios de fidelidade, amor, cuidado e de momentos que passam um com o outro, a pessoa que crê é igualmente fiel. A fé inicial e o discipulado, em outras palavras, se constituem em duas dimensões da mesma aceitação, mas não se constituem em ações abruptas.

Depois de Pedro explicar o derramamento do Espírito Santo no dia de Pentecostes, Lucas nos conta que os ouvintes de Pedro "ficaram aflitos" e perguntaram: "Irmãos, que faremos?" (Atos 2:37). As palavras do apóstolo sobre a necessidade do arrependimento são famosas (2:38-39):

> *Arrependam-se*, e cada um de vocês *seja batizado* em nome de Jesus Cristo, para perdão dos seus pecados, e receberão o dom do Espírito Santo. Pois a promessa é para vocês, para os seus filhos e para todos os que estão longe, para todos quantos o Senhor, o nosso Deus chamar.

Em Atos 3:19-21, Pedro disse:

> *Arrependam-se*, pois, e voltem-se para Deus, para que os seus pecados sejam cancelados, para que venham tempos de descanso da parte

do Senhor, e ele mande o Cristo, o qual lhes foi designado, Jesus. É necessário que ele permaneça no céu até que chegue o tempo em que Deus restaurará todas as coisas, como falou há muito tempo, por meio dos seus santos profetas.

Além disso, em Atos 10:46b-48, enquanto Pedro ainda estava pregando, o Espírito Santo é novamente derramado sobre os ouvintes, estendendo de algumas maneiras o Pentecostes aos gentios, e Pedro faz a pergunta famosa a respeito do *batismo*:

> A seguir Pedro disse: "Pode alguém negar a água, impedindo que estes sejam batizados? Eles receberam o Espírito Santo como nós!". Então ordenou que fossem batizados em nome de Jesus Cristo. Depois pediram a Pedro que ficasse com eles alguns dias.

Essas três instruções — crer, se arrepender e ser batizado — consistem nos termos que os apóstolos utilizaram para especificar o modo pelo qual a pessoa entra na narrativa do evangelho. Como elas se relacionam? Possivelmente agora não estejamos nos encaixando na própria Bíblia, portanto precisamos tomar cuidado. Não fica totalmente claro para mim que podemos discernir essa correlação, mas farei uma provocação colocando o seguinte: a *fé* é a grande ideia, tendo o *arrependimento* e o *batismo* como manifestações sua. Aquele que se volta pela fé para Cristo se *afasta* (o sentido mais concreto do verbo *se arrepender*) de tudo e de todos os outros — e Paulo os convoca a *se afastar* dos ídolos (Atos 14:15) — e aquele que confia em Cristo de forma obediente exemplifica essa fé no *batismo*. Encurtando o que poderia ser uma discussão longa, o batismo representa morrer em

Cristo e ser ressuscitado com ele, conforme o capítulo 6 de Romanos deixa extremamente claro.[11]

Não existe uma diferença substancial entre o que acabamos de resumir a respeito de Lucas no livro de Atos e o que o apóstolo Paulo diz sobre a reação adequada a Deus no livro de Romanos (10:9-13):

> Se você confessar com a sua boca que Jesus é Senhor e crer em seu coração que Deus o ressuscitou dentre os mortos, será salvo. Pois com o coração se crê para justiça, e com a boca se confessa para salvação. Como diz a Escritura: "Todo o que nele confia jamais será envergonhado". Não há diferença entre judeus e gentios, pois o mesmo Senhor é Senhor de todos e abençoa ricamente todos os que o invocam, porque "todo aquele que invocar o nome do Senhor será salvo".

Entretanto, o leitor (judeu) do primeiro século teria visto algo em tudo isso que a maioria de nós não conseguiria perceber. Nos capítulos 10 e 11 de Atos, Pedro *não menciona a circuncisão* quando fala sobre a reação adequada para os gentios. Os historiadores têm debatido por algumas décadas justamente a respeito daquilo que os judeus exigiam que os gentios convertidos fizessem para ingressarem no judaísmo, mas é certo que uma das

---

[11] Nem em Antioquia da Pisídia nem no Areópago Paulo chama seus ouvintes ao batismo. O próprio Paulo foi batizado (cf. Atos 9:18; 22:16), e, em outras ocasiões, o batismo vinha imediatamente depois de se receber o evangelho (16:15, 33; 18:8; 19:3-5). Mas não deixa de ser uma curiosidade estranha que Paulo não exija o batismo em suas pregações evangelísticas. Pode ser que Lucas partisse do princípio de que isso era tão óbvio que não precisaria ser mencionado, mas partir de pressupostos sobre aquilo que para nós é tão óbvio acabou sendo o método pelo qual chegamos à desordem no "evangelho" sobre a qual este livro trata!

exigências para os homens era a circuncisão. Algumas pessoas que ouviram Pedro teriam observado muito bem que ele permitiu a conversão dos gentios para a comunidade de Jesus sem exigir a faca *kosher*. Não é de se admirar que a questão de se exigir que os gentios que se convertiam passassem pela faca tenha surgido como um tema que dividiu a comunidade no capítulo 15 de Atos. No entanto, o fato de ele não aflorar nos capítulos 10 e 11 surpreende. Eu arrisco um palpite: Pedro viu de forma clara e inequívoca o dom do Espírito Santo descendo sobre essas pessoas e disse: "Já que o arrependimento e o batismo fazem que o Espírito Santo seja derramado do céu, então nada mais é necessário para os inserir na comunhão".

Os apóstolos prometem a redenção com vários termos

Aqueles que ouvem o evangelho e o recebem com fé, arrependimento e batismo *são salvos*. Nem o nosso plano da salvação, nem nossos métodos de persuasão formaram a evangelização de Pedro, mas tanto a abordagem do plano da salvação que Pedro utilizou como o seu evangelismo oferecem os mesmos benefícios. Assim, nós nos deparamos novamente com o início do capítulo 15 de 1Coríntios: Pedro promete o *perdão dos pecados* em Atos 2:38; 3:19 e 10:43. Além disso, ele promete a quem atende à sua mensagem de forma positiva que será cheio do Espírito Santo (2:38-39; 10:44-47; 11:16-18) e experimentará *tempos de descanso* (3:19). Paulo diz que eles terão a *justificação* (13:38-39).

Em acréscimo, lemos em Atos 10:36 o que Pedro promete se as pessoas receberem a narrativa de Jesus expressa no evangelho: "Vocês conhecem a mensagem enviada por Deus ao povo de Israel, que fala das boas-novas de paz por meio de Jesus Cristo, Senhor de todos". Salvação significa *paz*. É bem comum para o leitor moderno achar que Pedro está se referindo à paz interna que recebemos por causa de termos paz com Deus, e não tenho dúvidas de que ele cria que isso acontece, mas o texto não fala a respeito disso. Em Atos 10:36, a "paz" se refere à paz de reunir os judeus com os gentios, conforme encontramos, por exemplo, em Efésios 2:11-22. Esse povo de Deus composto de judeus e gentios, que tanto perturbou as relações de Paulo com alguns crentes que habitavam em Jerusalém e que dominou suas cartas, inclusive Romanos, Colossenses e Efésios, tinha sido previsto na bênção abraâmica (Gênesis 12:1-3), e ainda assim não tinha sido efetivado até que os gentios fossem aceitos na comunidade de Jesus. Essa paz é fruto da narrativa salvadora de Jesus.

Existe tanto a se dizer a respeito de cada um desses termos, mas o nosso propósito neste contexto não é de se fazer um estudo abrangente, mas apenas de trazer um resumo. Além disso, embora aqueles que de fato recebem o evangelho sejam redimidos, resgatados, salvos e justificados, fica claro a partir das próprias pregações de Pedro e de Paulo que a narrativa estruturadora não trata tanto da salvação propriamente dita, mas da narrativa de Israel sendo complementada pela narrativa de Jesus. É essa narrativa, e somente ela, que salva. Ou, melhor ainda, é Jesus que salva, e é o contar da sua narrativa que leva as pessoas a ter uma reação de fé, arrependimento e batismo para serem salvas — o perdão, o Espírito Santo, o descanso e a nova comunidade de Deus formada tanto de judeus como de gentios.

Conclusão

Esta é a quarta perna da nossa cadeira: já temos a tradição apostólica do evangelho, o evangelho dentro dos quatro Evangelhos, o evangelho de Jesus, mas agora estudamos as pregações evangelísticas no livro de Atos dos Apóstolos. Cada um desses quatro testemunhos nos conta a mesma coisa a respeito do evangelho. Trata-se da narrativa de Israel que é complementada na narrativa salvadora de Jesus, que é Messias de Israel, Senhor sobre todos, e Salvador davídico. Existe somente um evangelho, e ele foi pregado por Jesus, Paulo e Pedro. Evangelizar consiste em contar essa narrativa de Jesus. A salvação vem dessa narrativa, porém essa narrativa é maior e possui uma estrutura diferente da abordagem evangelística do plano da salvação. Os apóstolos eram os evangélicos originais.

De forma mais importante, somente contando esse evangelho apostólico podemos reformular a cultura do evangelho. Essa cultura do evangelho não tira a salvação do seu devido lugar, mas a coloca no contexto de uma narrativa do evangelho que possui um início (na criação e no pacto com Israel), um meio (o rei Davi), e uma resolução (com Jesus e a sua redenção final).

Como, então, podemos formar uma cultura do evangelho? Como podemos implantar uma mensagem e igrejas que sejam baseadas no evangelho apostólico — o evangelho centrado na pessoa de Jesus, que foi pregado por ele e pelos apóstolos?

9

Evangelizando nos dias de hoje

A TAREFA DO EVANGELISMO, QUE estou chamando de autêntica, não é menos exigente, nem menos difícil atualmente do que era na época de Pedro e de Paulo. Ela também não prescinde de adaptações criativas para o público que quem o divulga aborda. Quem sabe precisemos mais da ousadia que veio sobre os apóstolos, mediante um novo sopro do Espírito Santo. Quem sabe precisemos orar como aqueles cristãos primitivos oraram: "Depois de orarem, tremeu o lugar em que estavam reunidos; todos ficaram cheios do Espírito Santo e anunciavam *corajosamente* a palavra de Deus" (Atos 4:31).

Ou quem sabe seja a ausência quase completa da teologia da ressurreição em boa parte da evangelização atual que explica nossa falta de ousadia.

De qualquer maneira, precisamos resgatar mais desse evangelho corajoso da ressurreição da Igreja Primitiva.

Se colocarmos este evangelho somente em um pacote, e se focarmos em como esse evangelho foi pregado pelos apóstolos, o livro de Atos revela que o evangelho é, acima de tudo, estruturado pela *narrativa de Israel*: o relato da narrativa salvadora de Jesus — sua vida, morte, ressurreição, exaltação e segunda vinda — como o complemento da narrativa de Israel.

Em segundo lugar, o evangelho é centralizado no senhorio de *Jesus*. De um modo que antecipa o Credo de Niceia, o evangelho de Pedro e Paulo é ancorado em uma visão exaltada de Jesus, que é visto como aquele que sofre, salva, governa e julga porque é Messias, Senhor e Salvador da linhagem de Davi. Ele agora está exaltado à direita de Deus Pai.

O terceiro aspecto que faz parte do evangelho é que ele lança um apelo às pessoas. O evangelismo apostólico fica incompleto até que convoque de modo firme aqueles que ouvem o evangelho ao arrependimento, à fé em Jesus Cristo e ao batismo.

Já o quarto aspecto é que o evangelho *salva e redime*. O evangelho apostólico promete o perdão, o dom do Espírito Santo de Deus e a justificação.

Assim concluo minha proposta: estes quatro pontos equivalem ao esboço do evangelho em todas as partes do Novo Testamento. Pode-se encontrar este evangelho nas próprias palavras de Paulo no capítulo 15 de 1Coríntios, é o evangelho por trás dos Evangelhos, é o evangelho do próprio Jesus, de Pedro e de Paulo — de acordo com o próprio resumo que Lucas faz de suas pregações. Só existe um evangelho, e ele foi transmitido por Jesus a seus apóstolos, e eles o passaram a suas igrejas. É este e somente este evangelho que estrutura a unidade do Novo Testamento.[1] Se quisermos ser cristãos neotestamentários, temos que nos apropriar novamente deste evangelho.

Agora estamos preparados para comparar o nosso evangelismo com o deles, e farei seis comparações no total. Não temos que fazer tudo o que os apóstolos fizeram, nem temos que abandonar tudo o que estamos fazendo. Mas toda pessoa que leva a Bíblia a sério precisa separar algum tempo de vez em quando para comparar o que pensa com aquilo que os apóstolos ensinaram, e, no que se relaciona ao evangelismo temos muita coisa a aprender. Na verdade, precisamos de um compromisso profundo para alinhar o nosso evangelismo com o evangelho apostólico.

Comparação 1: O que o evangelismo busca alcançar

Existe uma diferença enorme entre o evangelismo de Atos e a nossa abordagem atual do plano da salvação e, por causa dessa diferença, o evangelho apresentado em Atos dos Apóstolos não tem quase nenhuma semelhança com o nosso método de persuasão. A diferença pode ser resumida na ideia seguinte: o evangelismo de Atos, devido ao fato de ele declarar a importância salvadora de Jesus, que é Messias e Senhor, *faz um apelo a quem o ouve a confessar Jesus como Messias e Senhor,* enquanto o nosso evangelho *busca convencer os pecadores a admitir seu pecado e encontrar Jesus como Salvador.*

---

[1] Essa ideia foi demonstrada várias vezes, mas um exemplo excepcional disso se encontra em um livro antigo de A. M. Hunter, *The Unity of the New Testament* (London: SCM, 1943), p. 20-33.

Não estamos criando um dilema falso com isso. Pode-se fazer a segunda coisa dentro da primeira, mas boa parte da abordagem soteriana do evangelismo se concentra em Jesus como Salvador (pessoal) e deixa de falar dele como Messias e Senhor. Essa é a heresia mais difundida na atualidade. Todo aquele que prega o evangelho sem fazer do senhorio de Jesus o ponto focal de sua pregação simplesmente está deixando de pregar o evangelho apostólico.

Dentro dessa comparação geral quero me fixar em duas palavras: o evangelismo dos apóstolos no livro de Atos consiste em uma *declaração* que leva a um apelo, enquanto boa parte da evangelização atual se resume a uma *persuasão* engenhosa. Volto a dizer que a segunda estratégia é realizada geralmente sem a primeira. O resultado prático é óbvio: precisamos contar mais a respeito de Jesus. Precisamos retomar nossa confiança no poder pleno da proclamação plena da narrativa de Jesus propriamente dita.

Comparação 2: O que estrutura o evangelismo

Possivelmente a observação mais espantosa que o livro de Atos revela é que *o evangelismo não era direcionado pela narrativa da salvação ou da expiação.* Ele era direcionado *pela narrativa de Israel,* e, de fato, faz mais sentido dentro dela. Nós, que somos do tipo evangélico soteriano, precisamos ser despertados para a realidade de como a Bíblia apresenta o evangelismo. Na verdade, o livro de Atos só dá algumas pistas a respeito da teologia da expiação envolvida na narrativa da morte de Jesus no evangelismo (mas cf. Atos 20:28).

Embora essa ausência possa nos surpreender, ou até mesmo incomodar você como leitor deste livro, essa ausência se levanta orgulhosamente ao lado do resumo do evangelho de 1Coríntios 15:3: "que Cristo morreu por nossos pecados segundo as Escrituras". Dentro da própria cápsula que Paulo usa para resumir o evangelho temos a morte de Jesus, temos a narrativa bíblica sendo complementada e temos que Cristo morreu "por nossos pecados". Isso parece ser o suficiente para a tradição apostólica do evangelho.

Observe novamente o resumo do evangelho no capítulo 15 de 1Coríntios: não há nada que mencione diretamente a reconciliação com Deus ou com os outros, nenhuma menção direta a respeito de ser declarado justo, nem mesmo sobre a ira de Deus sendo aplacada, muito menos sobre ser liberto de nossa prisão do pecado, do ego, do sistema ou de Satanás. Para deixar essa ausência ainda mais óbvia, não existe nada nas pregações a respeito do amor ou da graça de Deus em nosso favor, embora a graça apareça várias vezes no livro de Atos como um resumo do próprio evangelho (cf. Atos 11:23; 13:43; 14:3, 26; 15:11; 20:24).

O livro de Atos não possui uma teoria da expiação que molde os momentos básicos de evangelismo de Pedro ou de Paulo. Algumas pessoas ficarão ofendidas com isso — na verdade, eu mesmo fui ofendido várias vezes pela abordagem deles, mas faço um pedido para que todos nós façamos uma nova leitura do Novo Testamento. Esses fatos se encontram na minha e na sua Bíblia. Quero explicar justamente o que está escrito nela, sem usar o que não está nela para explicar suas palavras. Escrevi três obras que falam a respeito dos temas do evangelho: *Embracing Grace* [Abraçando a graça], *A Community Called Atonement* [Uma comunidade chamada Expiação], e uma monografia bem extensa sobre o Jesus histórico chamada *Jesus and His Death* [Jesus e a sua morte]. Em cada um desses livros não aparece nada muito além de um olhar superficial sobre o evangelismo no livro de Atos, devido ao fato de que não tinha ainda nenhuma opinião formada a respeito de como estruturar o evangelho fora das categorias soterianas de Jesus como Salvador. Portanto, este livro nada mais é que uma evolução do meu próprio pensamento, e demonstra cada vez mais que precisamos reaprender como estruturar o evangelho como os apóstolos fizeram.

Comparação 3: Evangelismo, ira e juízo

Nem Pedro nem Paulo se concentraram na *ira* de Deus enquanto evangelizavam no livro de Atos, nem descreviam a narrativa salvadora de Jesus como uma fuga do inferno. Dito isso, e olha que não tenho um olhar muito simpático com relação ao método de persuasão de fogo e enxofre que é tão comum para alguns tipos de evangelistas, o grande juízo final não está longe da obra evangelística cristã primitiva. Não dá para evitar falar sobre o juízo no evangelismo. Leia a pregação de Paulo no Areópago mais uma vez — na verdade, citarei Atos 17:29-31 para deixar isso ainda mais claro:

> Assim, visto que somos descendência de Deus, não devemos pensar que a Divindade é semelhante a uma escultura de ouro, prata ou pedra, feita pela arte e imaginação do homem. No passado Deus não levou em conta essa ignorância, mas agora ordena que todos, em todo lugar, se arrependam. Pois estabeleceu um dia em que há de julgar o mundo com justiça, por meio do homem que designou. E deu provas disso a todos, ressuscitando-o dentre os mortos.

Pode-se encontrar este tema em alguns momentos nas pregações de Atos — os seres humanos têm que se apresentar finalmente diante de Deus. A narrativa do juízo final tem que fazer parte do evangelismo para que os seres humanos vejam que, no final das contas, ficarão diante de Deus e não diante de um tribunal humano.

Ninguém dominou essa abordagem, chegando até mesmo ao ponto do exagero e da extrapolação, como os puritanos e os avivalistas. Na verdade, o pregador mais famoso sobre o inferno é Jonathan Edwards, e a sua pregação "Pecadores nas mãos de um Deus irado" irritou mais as pessoas do que chamou a atenção à leitura do sermão.[2] Tenho agora diante de mim uma coleção de suas pregações, e a minha própria leitura delas me deu um ponto de vista bem diferente a respeito do sermão mais famoso dos Estados Unidos. A sua pregação intitulada "O céu é um mundo de amor" é de tirar o fôlego por causa da beleza e da graça da sua elaboração. Nesta coleção vejo um homem apaixonado por Deus, um homem extremamente disposto a glorificar a Deus, e um homem cujos afetos religiosos se achavam dedicados às boas coisas de Deus.

Não compartilho da teologia de Edwards, e a sua linguagem a respeito de Deus colocando os homens nas mãos de um destino providencial e agindo com eles de acordo com sua vontade arbitrária não é fácil de digerir, mas não se pode ignorar a presença do juízo final no evangelismo dos apóstolos. Portanto, deixando todas as extravagâncias de lado, não se pode deixar de lado aqueles que foram capazes de colocar diante de nós a realidade do juízo final. Quem sabe precisemos ouvir mais a respeito de Edwards em vez de descartar suas pregações.

---

[2] W. H. Kimnach, K. P. Minkema, e D. A. Sweeney, *The Sermons of Jonathan Edwards: A Reader* (New Haven, Ct: Yale Univ. Press, 1999), p. 49- 65. O seu sermão "Heaven Is a World of Love" [O céu é um mundo de amor] se encontra nas p. 242-272.

Comparação 4: O problema que o evangelho resolve

Existe outra questão que se relaciona ao *problema que o evangelho visa resolver*. É preciso reconsiderar isso de forma bem séria quando se estuda os momentos evangelísticos de Atos. Podemos deduzir a partir das promessas — do perdão, do dom do Espírito Santo, e dos tempos de descanso — que os problemas giravam em torno dos pecados, da ausência do poder de Deus e da necessidade de uma nova criação. Não ousaremos minimizar os pecados no evangelismo, nem mesmo retirar a presença graciosa de Deus no Espírito, ou a nossa mortalidade juntamente com a necessidade de uma vida nova na nova criação. Entretanto, estaríamos equivocados em reduzir esses temas a um simples individualismo. O resumo de Pedro em Atos 5:29-32 contempla o perdão para "Israel". Deus está agindo em meio ao seu povo e, portanto, por meio de indivíduos, e precisamos ver que um dos problemas se constitui no próprio povo de Deus que precisa se tornar um povo de Deus autêntico. O Novo Testamento apresenta esse novo povo de Deus com a palavra *igreja*.

Mas gostaria de fazer um apelo para que nós pensássemos de forma bem mais profunda sobre o problema que o evangelho resolveu com base no que estudamos até agora. Já que a narrativa de Israel encontra seu complemento na narrativa de Jesus e é sobre isso que o evangelho trata, temos que encontrar o problema dentro da trama e dos contornos da narrativa de Israel e não nas minhas próprias necessidades na minha história. Precisamos encontrar o problema por trás da solução que Jesus trouxe. A palavra com a qual Jesus caracteriza essa solução é *o reino*, ou, se estruturarmos essa ideia à moda de João, *a vida eterna* (a qual, também, consiste em mais do que viver para sempre pessoalmente com Deus depois de morrermos). Já que o reino é a solução, o problema residia na busca do reino de Deus na terra e o problema era a ausência do reino de Deus na terra. Já que a vida eterna é a solução, então o problema se encontrava na morte e na ausência da vida abundante de Deus e no mundanismo deste presente século.

Existe muito mais a se explorar neste contexto, e quero me aprofundar na discussão sabendo que seria preciso todo um livro para articular somente uma parte disso, e ainda acrescentarei um pouco mais no último capítulo. O que acontece quando começamos a repensar o "problema" com base na solução fundamental? Tentarei elaborar uma resposta. Lembre-se de que a solução fundamental no evangelho é que Jesus é Messias e Senhor; isso significa que havia uma necessidade fundamental de um governante, um rei e um senhor. A necessidade urgente que os judeus tinham na época de Jesus era de um Messias-Rei, além de um povo do Messias-Rei em sua terra. Sei que isso pode parecer simplista, mas qualquer leitura superficial dos profetas, sejam eles anteriores ou posteriores, maiores ou menores, mostrará que o problema da narrativa de Israel residia na resolução dos problemas de Israel e de Judá.

O único modo de receber isso é recorrer à narrativa, e ela começa nos capítulos 1 e 2 de Gênesis. Recentemente, o professor de Wheaton chamado John Walton apresentou em uma edição de fácil leiturar o que os especialistas do mundo antigo já sabiam há muito tempo: o relato da criação do capítulo 1 de Gênesis retrata o mundo como um *templo cósmico*.[3] Deus coloca os seres humanos em seu templo, mas quando o faz, ele faz deles seus *eikons*, ou seja, portadores da imagem de Deus, e lhes

---

[3] John Walton, *The Lost World of Genesis One: Ancient Cosmology and the Origins Debate* (Downers Grove, IL: InterVarsity Press, 2009).

dá a responsabilidade de se relacionar com Ele, consigo mesmos e com os outros, e com o mundo *como colaboradores do governo divino e como mediadores da sua presença no seu templo cósmico.* Caso você tenha se esquecido da passagem mais importante neste drama, passarei a citá-la na sua totalidade com base em Gênesis 1:26-30.

Em primeiro lugar, Deus forma os seres humanos como macho e fêmea e como *eikons*:

> Então disse Deus: "Façamos o homem à nossa imagem, conforme a nossa semelhança. Domine ele sobre os peixes do mar, sobre as aves do céu, sobre os animais grandes de toda a terra e sobre todos os pequenos animais que se movem rente ao chão".
>
> Criou Deus o homem à sua imagem, à imagem de Deus o criou; homem e mulher os criou.

Então Deus passa a atribuir uma tarefa especial aos *eikons*, e a tarefa humana fundamental é a seguinte:

> Deus os abençoou, e lhes disse: "Sejam férteis e multipliquem-se! Encham e subjuguem a terra! Dominem sobre os peixes do mar, sobre as aves do céu e sobre todos os animais que se movem pela terra".
>
> Disse Deus: "Eis que lhes dou todas as plantas que nascem em toda a terra e produzem sementes, e todas as árvores que dão frutos com sementes. Elas servirão de alimento para vocês. E dou todos os vegetais como alimento a tudo o que tem em si fôlego de vida: a todos os grandes animais da terra, a todas as aves do céu e a todas as criaturas que se movem rente ao chão". E assim foi.

O que se chama de queda no capítulo 3 de Gênesis não consiste somente em um ato de pecar contra as instruções de Deus, ou em um lapso moral, mas em uma traição ao nosso papel fundamental de reis e de sacerdotes. Em vez de serem mediadores entre a serpente e Deus, em vez de cumprir nossa tarefa de governar o bom jardim de Deus em seu nome, Adão e Eva tentaram se elevar à função de Deus. A questão não se limita ao fato de que éramos pecadores; nós éramos *usurpadores* no jardim.

Mas Deus perdoa tudo isso nos fazendo perder a oportunidade de viver para sempre como *eikons* deformados, como portadores distorcidos da imagem divina. Então ele nos envia para o leste do Éden, para um mundo *que possui a mesma função*. Mas nós, seres humanos, repetidamente fracassamos em governar e fazer nossa moderação de forma adequada, e voltamos sempre a ser usurpadores. No momento que queremos assumir uma função que não é nossa, desconstruímos o mundo que Deus criou. Portanto, Deus escolhe — e aqui deixo esse mistério para Deus — a Abraão para formar uma nação de "reis e sacerdotes". Isto é, a tarefa que Deus deu a Adão foi transferida para Abraão e para Israel.

Depois Deus dá a Moisés a tarefa importante de liderar um resgate, de conceder a Torá a Israel, e ajudá-lo a encontrar o caminho de volta à Terra Prometida. Mas essa não deixa de ser a mesma tarefa: a de ser um povo de reis e sacerdotes:

> "Vocês viram o que fiz ao Egito e como os transportei sobre asas de águias e os trouxe para junto de mim. Agora, se me obedecerem fielmente e guardarem a minha aliança, vocês serão o meu tesouro pessoal dentre todas as nações. Embora toda a terra seja minha, vocês serão para mim um reino de sacerdotes e uma nação santa". Essas são as palavras que você dirá aos israelitas. (Êxodo 19:4-6)

Porém, do mesmo modo que Adão e Eva, e do mesmo modo que as pessoas que fracassaram terrivelmente nos capítulos 4 a 11 de Gênesis, Israel também não conseguiu ser esse reino sacerdotal. Então Deus traça uma rota diferente e a restringe a Samuel e a Saul, o que parece ser meio a contragosto (porque Deus quer ser o único rei), mas de forma mais concentrada em Davi. Davi cumpre sua função e Salomão... consegue deixar tudo em desordem muito rapidamente. Essa narrativa real e sacerdotal de Israel não passa de uma série prolongada de possibilidades e de frustrações, com poucos acertos, mas, no final das contas, o fracasso de Israel faz que Deus envie o único israelita realmente representativo, que é Jesus Cristo.

É exatamente neste ponto que o fato de Jesus ser o Messias faz o seu único sentido na trama, e também é exatamente por essa razão que o evangelho acaba fazendo sentido. Jesus não é somente o Messias, mas, por todo o Novo Testamento, é o único *eikon* verdadeiro de Deus. O que os apóstolos estavam contando para nós é que a tarefa que Deus deu a Adão e que depois transferiu a Abraão, Israel, Moisés e Davi acabou sendo transferida para Jesus, que a cumpriu de forma perfeita. Citarei três textos em seguida, que são por si só textos profundos do evangelho, que divulgam um evangelho a respeito de Jesus como *eikon*, Messias e Senhor sobre todos. Começo com Filipenses 2:6-11, onde se conta toda a narrativa de Israel dentro da narrativa de Jesus como *eikon* de Deus, que é Senhor sobre todos:

> que, embora sendo Deus,
>   não considerou que o ser igual a Deus era algo
>   a que devia apegar-se;
> mas esvaziou-se a si mesmo,
>   vindo a ser servo,

> tornando-se semelhante aos homens.
> E, sendo encontrado *em forma humana*,
> humilhou-se a si mesmo
> e foi obediente até à morte,
> e morte de cruz!
> Por isso Deus o exaltou à mais alta posição
> e lhe deu o nome que está acima de todo nome,
> para que ao nome de Jesus se dobre todo joelho,
> no céu, na terra e debaixo da terra,
> e toda língua confesse que Jesus Cristo é o Senhor,
> para a glória de Deus Pai.

Encontramos novamente Jesus como *eikon* e como Senhor sobre todos em Colossenses 1:15-20:

> Ele é a *imagem* do Deus invisível, o primogênito de toda a criação, pois nele foram criadas todas as coisas nos céus e na terra, as visíveis e as invisíveis, sejam tronos ou soberanias, poderes ou autoridades; *todas as coisas foram criadas por ele e para ele*. Ele é *antes* de todas as coisas, e nele *tudo subsiste*. Ele é *a cabeça do corpo*, que é *a igreja*; é o princípio e o primogênito dentre os mortos, para que em tudo tenha a supremacia. Pois foi do agrado de Deus que *nele habitasse toda a plenitude*, e por meio dele reconciliasse consigo todas as coisas, tanto as que estão na terra quanto as que estão no céu, estabelecendo a paz pelo seu sangue derramado na cruz.

Vemos isso também em 2Coríntios 3:18—4:6, em que Jesus como a imagem de Deus também é uma manifestação da glória de Deus e o

Espírito Santo opera em nós para nos transformar na imagem de Jesus Cristo, que é Senhor:

> E todos nós, que com a face descoberta contemplamos *a glória do Senhor, segundo a sua imagem* estamos sendo transformados *com glória cada vez maior*, a qual vem do Senhor, que é o Espírito.
>
> Portanto, visto que temos este ministério pela misericórdia que nos foi dada, não desanimamos. Antes, renunciamos aos procedimentos secretos e vergonhosos; não usamos de engano nem torcemos a palavra de Deus. Pelo contrário, mediante a clara exposição da verdade, recomendamo-nos à consciência de todos, diante de Deus. Mas se o nosso evangelho está encoberto, para os que estão perecendo é que está encoberto. O deus desta era cegou o entendimento dos descrentes, para que não vejam a luz do evangelho da glória de Cristo, que é a *imagem de Deus*. Pois não nos pregamos a nós mesmos, mas *a Jesus Cristo, o Senhor*, e a nós como escravos de vocês, por amor de Jesus. Pois Deus que disse: "Das trevas resplandeça a luz", ele mesmo brilhou em nossos corações, para iluminação do conhecimento *da glória de Deus na face de Cristo*.

Será que você percebe com que frequência esses textos proeminentes do evangelho nos encaminham às glórias de ver a posição exaltada de Jesus como Messias e Senhor? Fica óbvio a partir desses textos que a narrativa fala a respeito do Rei Jesus, de Deus enviar seu Filho para "se tornar" o Rei Jesus.

Tenho algo mais para propor neste contexto, e isso envolve a tarefa real e messiânica que só Jesus cumpriu com perfeição e *que ele nos delega de forma surpreendente como povo de Deus*, percebida desta vez em Apocalipse 5:9-10 e 20:6:

E eles cantavam um cântico novo:
"Tu és digno de receber o livro
  e de abrir os seus selos,
  pois foste morto,
  e com teu sangue compraste para Deus
  homens de toda tribo, língua, povo e nação.
  Tu os constituíste reino e sacerdotes para o nosso Deus,
  e eles reinarão sobre a terra".

Felizes e santos os que participam da primeira ressurreição! A segunda morte não tem poder sobre eles; *serão sacerdotes de Deus e de Cristo, e reinarão com ele durante mil anos.*

A confissão de Jesus como Senhor, Messias e Rei não é casual na Bíblia. Trata-se da sua ideia principal, e o evangelho consiste nas boas-novas de que Jesus é esse Messias, esse Senhor e esse Rei. Nós somos os seus súditos. Várias vezes na Bíblia a seguinte pergunta é feita: "Quem é o Senhor deste templo cósmico por direito?". A resposta vai mudando na narrativa de Israel até chegar a Jesus, e não encontramos um ponto final, mas uma exclamação: Jesus Cristo é Messias e Senhor!

Com certeza, o problema é o nosso pecado, também é claro que precisamos ser perdoados da pecaminosidade e dos nossos pecados. Entretanto, esse pecado e esse perdão estão vinculados com as nossas tarefas concedidas pelo Senhor e com as nossas responsabilidades sacerdotais, além de nossos "planos infalíveis" para usurpar as tarefas de Deus para nos apropriarmos delas. A única pessoa que é digna de se assentar nesse trono é o Rei Jesus.

Resumindo o ponto central desta comparação: o evangelismo declara que Jesus é exatamente esse Senhor por direito, o evangelismo faz um apelo para que as pessoas deixem a sua adoração a ídolos e vivam debaixo do domínio do Senhor que salva, e esse evangelismo na verdade acaba nos concedendo tarefas de mediação e governo compartilhadas sob o senhorio de Jesus. Quando reduzimos o evangelho somente à salvação pessoal, conforme os soterianos são tentados a fazer, rasgamos a trama da narrativa da Bíblia e até descartamos a necessidade dela. Não sei como dizer isso de outra maneira.

Comparação 5: O evangelho e o Império

Essa é uma ideia que flui da anterior. Existem muitos trabalhos hoje que tratam da tendência anti-imperialista do evangelho apostólico e do cristianismo primitivo. Pode-se encontrar algo sobre esse tema na obra dos especialistas mais reconhecidos como Tom Wright e Richard Horsley, bem como em alguns dos pregadores mais reconhecidos como Rob Bell em seu vídeo de sua série NOOMA intitulado "You". Um elemento comum nessa abordagem é que o que os apóstolos estavam realmente afirmando, se reunirmos as pistas e as indicações e lermos pelas entrelinhas conhecendo o contexto histórico, era que, já que Jesus é Senhor, Cesar não é! Atualmente, alguns desses especialistas estão insistindo em que algumas dessas afirmações sobre Jesus tinham um propósito claro e consciente de refutar as declarações feitas pelos romanos de que César era um deus e digno de adoração. Em outras palavras, os cristãos primitivos queriam subverter o império com uma política alternativa.

Porém, o que devemos fazer com essa informação? Lembremo-nos de que ninguém jamais negaria que *uma* das consequências da declaração do evangelho é a de que Jesus é Senhor e Cesar não é. A questão nesse contexto é o quanto esse tema anti-imperialista é *claro, consciente e intencional* na evangelização dos cristãos primitivos.

Esta abordagem tem algo importante a nos dizer sobre o significado de declarar Jesus como Senhor. Porém, é imprescindível fazer alguns alertas cuidadosos antes de entendermos o quanto esse tema anti-imperialista é expresso de forma aberta. Em primeiro lugar, fica difícil para mim imaginar que Paulo fosse um crítico mordaz do Império em seu evangelho na medida em que ele conseguia dizer aos romanos que, dentre todas as igrejas para as quais ele escreveu (!), eles deviam se submeter ao imperador e que aquele que se revolta contra ele está se rebelando contra Deus (veja Romanos 13:1-7). Além disso, simplesmente não existe nenhuma crítica aberta ao culto ao imperador tanto nas cartas de Pedro como nas de Paulo ou em suas pregações de Atos.

Mesmo assim, alguém pode afirmar que a culpa que Pedro e Paulo atribuem às autoridades do templo por matar Jesus se constitui em anti-imperialismo. Além disso, as palavras de Paulo contra a idolatria em Atos 14:15-17 "podem" se referir ao culto ao imperador, e o seu discurso no Areópago falando sobre os ídolos realmente apoia a aplicação anti-imperialista do evangelho aos romanos que os cultuavam. De um lado temos César e do outro o Messias, um com o trono em Roma e o outro em uma cruz em Jerusalém. De fato, eles confrontam um ao outro e é óbvio que a implicação de que Jesus é o Senhor atinge em cheio o culto ao imperador romano.

G. N. Stanton identificou um contexto anti-imperial possível na própria palavra à qual este livro se dedica, que é a palavra *evangelho*. Ele concluiu que, quando os cristãos começaram a usar publicamente a palavra *evangelho*, eles faziam isso ao mesmo tempo que algo bem importante estava acontecendo no mundo judaico e no mundo romano. Passo agora a citar a síntese elegante de Stanton:[4]

> Provavelmente quando os judeus de fala grega em Jerusalém e/ou Antioquia falaram pela primeira vez o substantivo evangelho no singular para se referir tanto ao ato de proclamação das boas-novas referentes a Jesus Cristo como ao seu conteúdo, Gaio ordenou que sua estátua fosse erigida no templo de Jerusalém. Ele era considerado por muitos dos seus súditos como um "salvador e benfeitor". A ascensão dele tinha sido saudada como "boas-novas", como algo que marcava o início de uma nova era, mas suas práticas fraudulentas frustraram essa aclamação. Portanto, desde um ponto bem inicial, o uso cristão desse grupo de palavras pode ter feito parte de uma narrativa que se contrapunha à narrativa associada ao culto imperial.

De fato, essa síntese de Stanton é plausível, e realmente o senhorio de Jesus descarta todos os ídolos e tudo que pode ser tornar um Deus, inclusive a adoração ao imperador romano. Certamente, quando o evangelismo de Pedro no capítulo 10 de Atos atribui expressões para Jesus como "paz", "Senhor de todos" e "fazer o bem", que traduzem a palavra *benfeitor*, temos que avaliar se essas opções de palavras não se constituem em golpes sutis

---

[4] G. N. Stanton, *Jesus of Nazareth in New Testament Preaching* (Cambridge: Cambridge Univ. Press, 1977), p. 24-25. Para uma abordagem mais equilibrada, veja W. Horbury, "'Gospel' in Herodian Judaea", em *The Written Gospel* (ed. M. Bockmuehl e D. A. Hagner; Cambridge: Cambridge Univ. Press, 2007), p. 7-30, e J. D. G. Dunn, *A teologia do apóstolo Paulo* (São Paulo: Paulus, 1998), p. 164-169.

ao culto ao imperador. Seria possível dizer que Pedro estava afirmando (de forma indireta e silenciosa) que todas essas coisas vieram a nós por meio de Jesus e não por meio de César. Concordo com a forma que Michael Bird expressa isso: "Nero não lançou os cristãos aos leões porque confessavam que 'Jesus é o Senhor do meu coração'. Em vez disso, ele o fez porque eles afirmavam que 'Jesus é o Senhor de todos', indicando que Jesus era Senhor até mesmo na esfera que César afirmava ter seu domínio de autoridade absoluta".[5]

Mas alguns desses especialistas veem algo bem mais conscientemente subversivo a respeito do evangelho cristão de Jesus e dos apóstolos. Independentemente do quanto possua a tendência de querer que esse conjunto de ideias seja verdade, não tenho certeza de que o tema anti-imperialista estava tão claro na mente dos apóstolos, conforme algumas pessoas têm sugerido. Eu preferiria que os apóstolos simplesmente saíssem e dissessem estas coisas. Não parece que Pedro e Paulo tinham medo de ninguém, muito menos de algum governante pagão como César. Lucas nos conta no final de sua narrativa em Atos que o apóstolo Paulo simplesmente continuou pregando que Jesus era Senhor e que ele era o Senhor do reino de Deus.[6] Proclamar o evangelho inclui o fato de que César — independentemente da forma que esse autocrata se apresentasse — não é Senhor. Entretanto, afirmar que o evangelho tinha a intenção de ser subversivo não se encaixa nas evidências que temos.

---

[5] M. Bird, *Introducing Paul: The Man, His Mission and His Message* (Downers Grove, IL: InterVarsity Press, 2008), p. 88.
[6] Veja o estudo equilibrado de C. Kavin Rowe, *World Upside Down: Reading Acts in the Graeco-Roman Age* (Oxford: Oxford Univ. Press, 2009).

Comparação 6: Uma conversa sobre Jesus

A nossa sexta e última comparação é a seguinte: os apóstolos evangelizavam contando a narrativa de Jesus. A nossa pregação do evangelho e o nosso evangelismo tendem a contar a narrativa de como ser salvo a nível pessoal. Existe uma diferença básica entre a narrativa de Jesus e os planos de salvação, e trata-se de uma diferença que merece mais espaço do que podemos conceder neste livro.

Em primeiro lugar, o nosso evangelismo tende a reduzir tudo e apontar somente para um alvo: o coração do pecador. O alvo do evangelismo se concentra no indivíduo, e em levar esse homem ou essa mulher a admitir que é pecador e depois a receber Jesus Cristo como Salvador e como a solução para o problema do pecado. Nas palavras de Dallas Willard, o nosso evangelho fala a respeito da gestão de pecados.[7] Mas o evangelho apostólico não pode ser reduzido a um evangelho de gestão de pecados porque foi um evangelho baseado nas declarações de Jesus (que incluíam a vitória sobre a morte e o pecado).

Não me levem a mal: o evangelho apostólico realmente prometia o perdão dos pecados, mas fazia isso contando uma narrativa (salvadora) a respeito de Jesus. Sempre sou impactado pelo relato de Lucas sobre o modo pelo qual os moradores de Jerusalém atenderam à primeira pregação de Pedro em Atos 2:37: "Quando ouviram isso [o evangelho sobre a narrativa de Israel tendo seu complemento na narrativa de Jesus], os seus corações ficaram aflitos, e eles perguntaram a Pedro e aos outros apóstolos: "Irmãos, que faremos?". Uma consequência é óbvia: contar a narrativa de que Jesus

---

[7] Dallas Willard, *A conspiração divina: redescobrindo a nossa vida oculta em Deus* (Rio de Janeiro: Thomas Nelson Brasil, 2021).

foi ungido por Deus para despertar a consciência do pecado na pessoa que ouve a narrativa de Jesus. Em vez de dar destaque ao pecado deles, apesar de Pedro realmente colocar a culpa neles por crucificarem Jesus em um ato de cumplicidade nesse ato horrível, ele se concentra em Jesus, e na narrativa de Jesus, despertando uma convicção de pecado e uma necessidade de que Jesus seja o Messias, Senhor e Salvador deles.

Em segundo lugar, a pergunta que muitos estão fazendo hoje em dia revela que não existe muito de Jesus em nosso evangelho. A pergunta é essa: será que Jesus pregou o evangelho? Se formos tentados pelo menos por algum momento a imaginar se os Evangelhos realmente pregavam o evangelho, então nos afastamos muito do evangelho apostólico. Sabe por quê? É porque era a geração apostólica que chamava Marcos (e provavelmente Mateus) de "evangelho". Isso se deve ao fato de que o evangelho consiste no complemento da narrativa de Israel na narrativa de Jesus, e isso é exatamente o que os Evangelhos fazem na prática. Mas se estivermos fazendo essa pergunta, provavelmente é porque nos deixamos levar pelo evangelho do plano da salvação, em uma forma soteriana reduzida, considerando-o como o único evangelho possível.

Precisamos conversar mais sobre Jesus e saber que falar dele às pessoas se limita somente à metade do medo que temos ao evangelizar. Podemos desenvolver o nosso evangelismo simplesmente aprendendo a abordar o evangelho do mesmo modo que os apóstolos. Esta é a parte fácil. A parte difícil consiste em criar uma cultura do evangelho que amplie (e vença) a nossa cultura limitada da salvação. Farei algumas sugestões nesse sentido no próximo capítulo.

10

CRIANDO UMA CULTURA DO EVANGELHO

ESTAVA CHOVENDO.

Afinal de contas, estávamos na Irlanda.

Isso era esperado e não fazia a mínima diferença. Era uma segunda-feira de manhã, e eu e a minha esposa Kris estávamos no carro com o nosso amigo Patrick Mitchel, indo para o norte de Dublin, para um lugar chamado Newgrange. Estava tão envolvido com a preparação das palestras, das discussões e das pregações que ministraria na Irlanda que realmente nem sabia muita coisa sobre o que veríamos em Newgrange. Kris sabia perfeitamente de tudo isso porque ela cuida dessas coisas para a nossa família.

Ela havia me contado mais cedo naquela manhã que estaríamos vendo "algum tipo de cemitério". Então a chuva me pareceu adequada.

Há cerca de cinco mil anos, à margem do famoso rio Boyne e não muito longe da costa leste da Irlanda, um grupo de pessoas construiu uma trilha para um monte artificial que parecia ter sido um túmulo, e estávamos indo até lá para dar uma olhada. Nós nos encontramos no centro com mais três pessoas: Andy e Louise Halpin e Linda Basdeo. Fomos levados ao túmulo de ônibus, onde tivemos um passeio excepcional. Andy é arqueólogo e nos orientou em todo o passeio com o seu conhecimento. Esse túmulo, que mede praticamente a metade de um campo de futebol, era a princípio um cemitério em forma de cone.

Na minha visão, duas coisas se destacam com relação ao túmulo de Newgrange: a primeira é a engenhosidade daqueles que o construíram. Nós entramos por uma passagem baixa e estreita, mas acima de nós havia outra "passagem". Acabamos sendo informados de que essa passagem superior era dedicada exclusivamente para o sol. De modo incrível, em um dia por ano (exceto quando chove!), na época do solstício de inverno, a luz do sol bate naquela passagem superior atingindo pela manhã de forma exata o centro do túmulo. (Lembre-se de que se trata de uma obra de cinco mil anos atrás, portanto, o conhecimento, a habilidade e a mão de obra para construir essa passagem continua sendo um espanto).

Entretanto, o que mais me impressionou foi o seguinte: ninguém sabe realmente o que essa passagem para o túmulo representa. Não existe nenhum registro que mostre que aquela região foi habitada naquela época, nem existe registro algum sobre o que essa construção simboliza. Tudo o que sabemos é o seguinte: existem duas passagens para uma abóbada interna, existem algumas escavações em forma de tríscele, ou seja, de três espirais que se encontram, em pedras imensas situadas em vários locais. Isso é tudo o que temos. Não temos interpretação sobre nada disso. Alguns pensam que as espirais não passam de arte abstrata, enquanto outros acham que elas simbolizam alguma coisa mais importante. No entanto, enquanto caminhamos pelo local com o nosso amigo arqueólogo Andy, ficamos impressionados com suas reações. Quando perguntei algumas vezes sobre alguma coisa que estava vendo, a sua resposta era a mesma: "Simplesmente não fazemos ideia. Existem algumas teorias, mas ninguém sabe ao certo".

O que quero transmitir é o seguinte: temos aqui o exemplo de uma obra formidável de seres humanos que foi realizada há cinco mil anos, mas *ninguém conhece o seu significado porque não existe nenhum registro escrito para interpretar essa construção formidável.*

Quando terminamos o passeio em Newgrange, nós fomos almoçar. Ainda estava chovendo; isso era de se esperar porque, afinal de contas, estávamos na Irlanda. A nossa próxima parada seria a alguns quilômetros adiante em um mosteiro chamado Monasterboice, que é do final do século 5. Em suas instalações se encontram duas das "cruzes altas", e uma delas é a melhor dentre todas na Irlanda, a cruz de Muiredach, que tem 5,5 metros de altura e data de cerca de 900 d.C. Essa cruz não é somente identificada pelo anel celta que sustenta a viga horizontal e a viga vertical, mas cada centímetro dela é bem trabalhado. A sua parte superior consiste em uma réplica de uma igreja, enquanto o resto da cruz contém versões artísticas de acontecimentos importantes da narrativa bíblica. No meio dela há uma cena do juízo final de Cristo — os que estão à direita vão para o céu e os que estão à esquerda vão para o inferno. Existem várias cenas, inclusive o pecado de Adão e Eva e Moisés ferindo a rocha.

Voltando à minha ideia: temos uma cruz, que, por si só, do mesmo modo que Newgrange, significa pouco mais que um símbolo da pena de morte. Seria difícil saber o significado de uma cruz. Entretanto, devido ao fato de haver cenas bíblicas em toda a sua superfície e devido ao fato de a narrativa da Bíblia ser complementada na narrativa de Jesus na cruz, *sabemos exatamente o que significa esse objeto arqueológico*. Nietzsche pode estar certo ao dizer que às vezes as nossas interpretações sepultam o texto, mas *sem a interpretação esse "texto da cruz" fica sem sentido*. Esta cruz (o texto), de modo diferente da passagem funerária de Newgrange (que não deixa de ser outro texto), acaba sendo interpretada para que possamos saber o que ela significa.

Isso me leva à ideia principal para onde essas duas reflexões levam: *o evangelho se constitui na interpretação que Jesus e os apóstolos fazem da narrativa da vida*. O evangelho é o segredo da vida, além de ser o caminho para a verdade e a vida. Temos que conhecer esse evangelho se quisermos construir uma cultura baseada nele. Passo a recorrer a essas duas ideias para concluir este livro.

O esboço do evangelho

Chegou o momento de esquematizar todo o evangelho de uma forma mais completa que a do capítulo anterior. Não há como reduzir isso a quatro pontos, nem há como apresentar um esboço do evangelho em um ou dois minutos. Para compreender o evangelho, temos que entender o que Deus está fazendo no mundo, e isso indica que temos que contar toda uma narrativa.

Contaram-me uma história sobre Robert Webber, um dos professores mais influentes (e provocadores) do Wheaton College da segunda metade do século 20. Um dia ele estava no porão de sua casa quando alguém lhe pediu para que explicasse o evangelho. Ele fez a seguinte pergunta: "Você teria uma hora disponível?". Então ele ficou uma hora com essa pessoa explicando as maravilhosas boas-novas do princípio ao fim.[1] Este capítulo não lhe exigirá uma hora, mas conto essa história para destacar que a suposição que muitos cultivam de que o evangelho pode ser reduzido a um cartãozinho — ou mesmo a um guardanapo — está equivocada desde o início. Vamos a ela:

No princípio... Deus... No princípio, Deus criou tudo o que vemos e algumas coisas que ainda não podemos ver. No princípio, Deus transformou tudo o que existia em um templo cósmico. Nesse princípio, Deus fez dois *eikons*, Adão e Eva. No princípio, Deus deu a Adão e Eva uma tarefa simples: governar esse mundo em seu nome.

Entretanto, Adão e Eva acharam melhor usurpar a prerrogativa de Deus. Eles quiseram tomar o governo de Deus neste mundo e, em vez de ouvirem a boa palavra de Deus, eles ouviram a serpente e a si mesmos e arruinaram sua oportunidade de governar em parceria com Deus no Éden. Em um momento sombrio, os *eikons* fizeram o que só Deus podia fazer. Portanto, Deus os baniu do jardim do Éden e os lançou no mundo conforme nós o conhecemos. Deus acabaria encontrando outra maneira para que seus *eikons* governassem o mundo juntamente com Ele.

Infelizmente, todos os descendentes de Adão e Eva demonstraram ter a mesma natureza. Todos nós somos usurpadores. Todos queremos governar, não debaixo da autoridade de Deus como subgovernadores, mas como deuses e deusas. Mesmo assim, Deus deu aos descendentes de

---

[1] Ouvi essa história algumas vezes, da última vez foi de David Fitch.

Adão e Eva a oportunidade de colocar o navio na direção certa, mas eles entraram em uma decadência de usurpações e não aproveitaram a oportunidade de governar em nome de Deus. Entretanto, Deus é gracioso. Do mesmo modo que Ele deu a Adão e Eva uma nova oportunidade depois da usurpação no Éden, Ele deu novas chances a todos os seus descendentes, que tinham como característica a usurpação, e, quando eles construíram a torre de Babel, que levou a usurpação de Adão e Eva a um novo nível, Deus escolheu outro meio de estabelecer o seu governo na terra, elegendo um método.

Ele escolheu Abraão, depois escolheu Israel. Deus daria a Israel a tarefa de governar. Portanto, Deus fez uma aliança entre Ele mesmo e Abraão e Israel, uma aliança que devia ser perpétua e redentora. Deus prometeu estar com Israel como aquele que lutava por ele. Ele acabou transferindo a tarefa de governar que tinha dado a Adão e Eva para Abraão e Israel. Do mesmo modo que *os eikons* originais deviam governar o mundo em seu nome, Abraão e Israel deviam abençoar as nações. Houve ocasiões em que eles fizeram isso muito bem, mas em outros momentos eles agiram como usurpadores e escolheram fazer as coisas à sua maneira.

Por ser o seu povo escolhido, Deus estava com eles quando eram escravos no Egito e lutava por eles, portanto Ele os libertou pela mão de Moisés. Deus queria que eles vivessem de forma adequada como um reino de sacerdotes, portanto Ele lhes concedeu a Torá e renovou a aliança com Israel no monte Sinai. A Torá devia governá-los na terra de Israel e, se eles permitissem de fato que ela os governasse, prosperariam e poderiam abençoar as nações. Porém, eles não conseguiram fazer isso porque não deixaram que a boa Torá de Deus os governasse. Esse combinado também não estava funcionando.

Quando Israel pediu um rei semelhante ao das outras nações, a princípio Deus hesitou, mas acabou concedendo o que os usurpadores queriam: possuir um rei humano. Apesar disso, em sua graça misteriosa, Deus escolheu usar esse desejo por um rei e fez que um deles, o rei Davi, fosse o tipo de rei que Ele queria para eles. Essa era a terceira forma de governo em nome de Deus. Contudo, Davi era descendente de Adão e Eva, portanto ele também se tornou um usurpador e deturpou esse governo monárquico. Ele passou o reino para alguém que o deturpou ainda mais, o rei Salomão. Um rei após o outro, sendo alguns deles bons e os outros maus, governaram o povo de Deus dividido entre Israel e Judá. Mas cada um deles demonstrou ser usurpador também, portanto Deus lhes enviou profetas para os alertar de que só havia um governante, um rei verdadeiro, um único Deus — e que o seu nome era YHWH.

Houve vezes em que Deus teve que disciplinar Israel para lhes chamar a atenção. Em alguns momentos, a disciplina funcionou, como o exílio para a Babilônia, que provocou um avivamento espiritual entre aqueles que voltaram à terra, mas esse avivamento não durou muito porque todos eles eram usurpadores. Quem sabe eles soubessem que não deviam governar somente a Terra Prometida, mas também o mundo, mas eles tiveram tanta dificuldade em governar a terra que nem passaram perto — exceto em momentos poéticos breves em profetas como Isaías — de governar o mundo em nome de Deus. Em poucos séculos, Israel tinha aparentemente esquecido a tarefa que Deus tinha dado a Adão e Eva, de ser um reino sacerdotal criado para abençoar o mundo.

Depois de anos de um silêncio ensurdecedor, Deus prosseguiu para o seu plano final e de repente entrou na cena da história com alguém que era tanto descendente como não-descendente, alguém que governasse com justiça e não como um usurpador. Deus enviou Jesus a Israel, por meio de Maria e José, e Deus disse a Maria por meio de um anjo que seu filho Jesus um dia governaria em nome de Deus como Messias.

Mas apesar de Jesus ter feito exatamente o que Deus lhe disse que fizesse, nem Israel nem os gentios em redor o aceitaram como Messias. (Esse tema revela de modo coerente que nós todos somos usurpadores e não queremos que ninguém nos diga o que é melhor para nós. Parecemos ser usurpadores incuráveis.). Embora Jesus tivesse sido um homem conhecido por fazer o bem em todos os lugares aonde ia, e embora Ele tivesse curado e resgatado as pessoas de todo tipo de problemas, e embora Ele tivesse levado as pessoas para a mesa em que eram perdoados, salvos, curados, renovados e transformados de usurpadores em pessoas que amam, os descendentes — tanto romanos quanto judeus — decidiram que seria melhor o entregar à morte. Eles temiam que Ele impedisse as usurpações deles, portanto mataram-no da maneira mais desprezível, crucificando-o sem as suas vestes numa cruz sobre o Gólgota, que ficava do lado de fora de Jerusalém. Os usurpadores mantiveram seu controle e os seus descendentes tiveram a maior decadência possível.

O que os usurpadores e os seus descendentes não sabiam era que Jesus estava de fato assumindo suas usurpações e a morte que eles mereciam pelos seus pecados. Ele estava passando pela morte no lugar deles, estava levando seus pecados e o castigo devido por eles, além de absorver a ira justa contra todo o pecado. Eles também não sabiam que Deus poderia reverter suas usurpações e sua morte e lhes dar uma nova chance de começar. Também não faziam ideia de que esse modo de morrer como servo passaria a ser o único caminho verdadeiro de vida e de promoção da paz

Criando uma cultura do evangelho 229

no mundo. Nem passava na mente deles que a cruz era a coroa e que esse poder só chegaria até eles quando se rendessem. Eles não sabiam disso, nem mesmo os seguidores mais próximos de Jesus. O que os usurpadores não sabiam é que eles tinham como adversário o Rei Jesus, que estava pronto para apresentar um reino alternativo a eles.

Para recomeçar o mundo inteiro, Deus, aquele que graciosamente deu outra chance para Adão e Eva e o Deus que resgatou Israel das garras do Egito e o Deus que assobiou para os israelitas voltarem da Babilônia, esse mesmo Deus — YHWH, o Pai de Jesus Cristo — rompeu novamente as categorias normais da História. Ele ressuscitou Jesus para encerrar o domínio da morte, para provar que os usurpadores não teriam a última palavra, e para mostrar que seus descendentes poderiam ter uma linhagem totalmente nova, ou seja, uma nova criação. Para deixar tudo isso bem claro, Jesus apareceu a multidões de descendentes e ascendeu à presença de Deus.

O que essa história mostra é que o caráter de Deus é do que os usurpadores mais têm medo, mas, de forma paradoxal, o que os usurpadores mais querem é esse mesmo caráter, e Jesus era de fato esse Deus, e é por isso que o evangelho consiste em Jesus como Messias e Senhor. Por fim, temos o rei de que o mundo precisa. Ele foi exaltado para governar sobre o mundo, tanto sobre os judeus como Messias, como sobre os gentios como Senhor, e fez um apelo a todas as pessoas para aceitar o seu governo perdoador, bondoso, pacífico, gracioso e transformador. Bastaria que as pessoas viessem a Ele para serem perdoadas e as suas usurpações seriam esquecidas para sempre. Para criar essa nova sociedade, a sociedade do reino, a sociedade da Igreja, Jesus enviou o Espírito Santo para essas pessoas para as capacitar e as transformar de usurpadoras em servas do amor, da paz, da justiça e da santidade de Deus. Essa era a política alternativa e a maneira correta de governar o mundo em nome de Deus: amando o próximo com tudo o que temos.

Além disso, esse mesmo Deus escolheu refazer todas as coisas com o novo povo da criação: Ele escolheu dar-lhes uma segunda chance, que é uma maneira de falar sobre o tema magnífico da graça de Deus. Ele escolheu deixá-los ser o povo do reino, chamado de Igreja, e convocou-lhes para crerem em Jesus, deixar suas usurpações e se identificarem com Jesus para que possam participar da sua morte e da sua ressurreição e ter uma vida nova por causa disso. De forma mais importante, embora Jesus fosse o rei verdadeiro, o Messias verdadeiro, o *eikon* verdadeiro e o Senhor verdadeiro, Deus deu ao povo de Jesus a tarefa que tinha dado a Adão e Eva. Eles eram *eikons* como Adão e Eva, mas como uma diferença fundamental: eles tinham o Espírito Santo. Este Espírito Santo podia transformá-los na semelhança visível do próprio Jesus. Por serem *eikons* semelhantes a Cristo, eles recebem a incumbência de governar em nome de Deus neste mundo. Eles fazem isso ouvindo esta narrativa, vivendo-a como a sua história, e transmitindo as suas boas-novas.

Eles passam a viver em um mundo imperfeito de forma imperfeita como *eikons* imperfeitos. Entretanto, um dia, o *eikon* perfeito voltará, e resgatará seus *eikons* e os estabelecerá mais uma vez neste mundo. Mas desta vez tudo dará certo, porque Jesus será o templo, e o jardim passará a ser a cidade eterna, e será cheia de paz, amor, alegria e santidade. Todas as usurpações acabarão, e todos servirão a Jesus no poder do Espírito Santo para a glória de Deus Pai. Os homens governarão em nome de Deus à maneira de Jesus.

Para sempre.

Uma cultura do evangelho

Este é o evangelho.

A cultura do evangelho surge a partir dele das seguintes maneiras:

O povo da narrativa

Em primeiro lugar, temos que ser o *povo da narrativa*. Uma das reações mais comuns que percebo ao dar palestras sobre o evangelho acontece quando alguém vem falar comigo algo parecido com isso: "Scot, obrigado por sua palestra. Durante ela, eu me comprometi pela primeira vez a ler a Bíblia do início ao fim". Para ser uma cultura do evangelho, temos que começar sendo o povo do Livro, mas não somente como um Livro comum, mas como a narrativa que nos molda. O novo livro de Sean Gladding, intitulado *A Palavra: fazendo parte da fascinante história de Deus*, pode ser o seu empurrão necessário porque ele faz um esboço da narrativa bíblica e depois explica o que acontece no seu subtítulo: *Achados e perdidos na Bíblia*.[2] É isso mesmo que nós estamos explicando: o evangelho pleno fala sobre a narrativa de Israel chegando à sua resolução na narrativa de Jesus e permitindo que essa história se torne a nossa história. Para fazer justiça a esse evangelho em forma de narrativa, temos que nos tornar o povo da história.

O povo da narrativa de Jesus

Em segundo lugar, *temos que mergulhar cada vez mais profundamente na narrativa de Jesus*. O evangelho consiste no fato de que a narrativa de Israel

---

[2] Sean Gladding, *A Palavra: Fazendo parte da fascinante história de Deus* (Curitiba, PR: Ed. Palavra, 2014).

chega à sua plenitude definitiva na narrativa de Jesus, e isso indica que temos que nos tornar o povo da narrativa que se complementa em Jesus. Só existe uma maneira de nos tornarmos o povo da narrativa de Jesus: precisamos mergulhar nela lendo, refletindo, digerindo e ruminando os quatro Evangelhos em nossa mente e em nosso coração. Esse mergulho verdadeiro nessa narrativa sempre nos leva à narrativa de Israel porque é somente nela que a narrativa de Jesus faz sentido.

Deixe-me dar um exemplo breve. A narrativa da tentação de Jesus se encontra em Mateus 4:1-11 e Lucas 4:1-13, com um olhar mais breve ainda em Marcos 1:12-13. Por toda a minha vida ouvi pessoas sugerirem que Jesus passou por essas tentações para nos ensinar como suportar as nossas tentações. Bem, isso pode ser verdadeiro, mas não tem nada a ver — pelo menos até onde posso ver — com os textos em questão. Precisamos ser o povo da narrativa antes de nos tornarmos o povo da narrativa de Jesus. O povo da narrativa faz duas associações quando ouve falar (ou lê) a respeito das tentações de Jesus. A associação mais fraca é com a experiência de Adão e Eva no jardim do Éden. A presença da serpente e de Satanás nesses dois textos funciona como vínculo.

Existe uma associação bem mais forte, entretanto, e ela enche o povo da narrativa de vida. Nessa narrativa da tentação, Jesus cita a experiência de Israel no deserto e se baseia nela. Ele cita Deuteronômio 6:16 e 6:13. Essas são as "pistas" para entender pelo que Jesus está passando, que é uma segunda experiência no deserto. A narrativa da tentação de Jesus revela que Ele é o segundo Israel que passa pelos quarenta anos de provação, mas com uma diferença gritante no Evangelho: Jesus é obediente, enquanto Israel várias vezes age como usurpador. Pode-se dizer mais coisas a respeito, mas isso não é necessário: o que estou exemplificando é que o povo da narrativa vê a narrativa de Jesus como a história que complementa a narrativa de Israel.

Vejo ainda outro caminho para que nós passemos a ser o povo da narrativa de Jesus. Para alguns dos meus leitores, isso será um pouco entediante, mas gostaria de pedir que questionassem um pouco a sua primeira impressão. Precisamos perceber a sabedoria da decisão da Igreja de seguir um calendário eclesiástico. A igreja em que dei os primeiros passos tinha dois eventos no seu "calendário": a conferência profética no outono e a conferência missionária ou de avivamento da primavera. É claro que estou brincando, pelo menos em parte. Só "celebrávamos" dois eventos: o Natal e a Páscoa. Não me lembro de nenhum culto de Sexta-feira Santa na igreja onde cresci, nem mesmo ouvi falar da Quinta-feira Santa até estar na Inglaterra para estudar na faculdade e ir pregar em uma igreja chamada Igreja Batista da Quinta-Feira Santa. Ela tinha meia dúzia de gatos pingados, mas eles não queriam arriscar que eu pregasse um sermão ruim em uma igreja grande. De qualquer modo, basta um olhar superficial para perceber que o calendário da Igreja é totalmente baseado na narrativa de Jesus. Isto é, *as datas do calendário da Igreja também são eventos evangelísticos*.[3]

O calendário eclesiástico é baseado completamente na narrativa de Jesus, e não conheço nada melhor — do que mergulhar frequentemente na Bíblia — para "evangelizar" a nossa vida do que ele. Ele começa com o Advento, depois vem o Natal, a Epifania, o período pós-Epifania, e depois vem o grande *Triduum* (Quinta e Sexta-Feira Santas e a Vigília Pascal

---

[3] Sobre este assunto, veja R. E. Webber, *Ancient-Future Time: Forming Spirituality through the Christian Year* (Grand Rapids: Baker, 2004).

no sábado à noite), a Páscoa e depois o pós-Pentecostes com o Tempo Comum moldando o calendário até o novo Advento. Qualquer pessoa que tenha ao menos uma noção do calendário de uma igreja que se dedica conscientemente a se concentrar nesses eventos no seu contexto teológico e bíblico entrará todo ano em contato com todo o evangelho, com toda a narrativa de Israel chegando ao seu complemento salvador na narrativa de Jesus.

Escrevi o livro *One.Life* para nos ajudar a nos sintonizar com a narrativa de Jesus.[4] Se passarmos a ser uma cultura do evangelho, ficaremos mais alinhados com a narrativa de Jesus e com a sua "definição" de cristianismo. A minha definição é a seguinte: cristão é aquele que segue a Jesus dedicando toda a sua vida:

- ao reino de Deus, impulsionado pela própria mente de Jesus,
- a uma vida de amor a Deus e amor ao próximo,
- a uma sociedade moldada pela justiça, especialmente em favor daqueles que foram marginalizados,
- à paz, e
- a uma vida dedicada a adquirir sabedoria no contexto da igreja local.

Essa vida só pode ser descoberta com a capacitação do Espírito Santo.

As três sugestões seguintes lidam com como podemos desenvolver uma cultura do evangelho nos tornando o povo da narrativa de Jesus.

---

[4] Scot McKnight, *One.Life: Jesus Calls, We Follow* (Grand Rapids: Zondervan, 2010).

O povo da narrativa da igreja

Em terceiro lugar, *precisamos perceber como os escritos dos apóstolos levam a narrativa de Israel e a narrativa de Jesus para a próxima geração e para uma cultura diferente, e como essa geração transmitiu tudo isso para a nossa.* Existe uma poderosa tendência subjacente que está incomodando muitos de nós: aquela que defende uma abordagem "só para Jesus" para a leitura da Bíblia. O evangelho se constitui no fato de que a narrativa de Israel chega à sua plenitude definitiva na narrativa de Jesus, mas esse evangelho não trata somente da narrativa de Jesus. Além disso, Jesus disse claramente aos seus discípulos, e refiro-me agora aos capítulos 14 a 17 de João; a Mateus 28:16-20 e a Atos 1:8, que *a sua narrativa deveria continuar na narrativa da Igreja.*

Temos uma responsabilidade com Jesus de permitir que a sua narrativa, que continua na Igreja, molde a nossa história. De fato, a narrativa da Igreja precisa sempre ser relida diante da narrativa de Jesus, mas não temos o direito de ignorar o que Deus tem realizado na comunidade de Jesus desde o dia em que Ele enviou o Espírito Santo para capacitá-la, honrá-la e orientá-la. Isso começa com o compromisso de ler os escritos apostólicos no Novo Testamento, e com isso me refiro aos livros de Atos ao Apocalipse.

A leitura adequada desses livros indica que os vemos como continuações e aplicações novas da narrativa de Jesus em contextos novos. Gabe Lyons tem um novo livro chamado *The Next Christians* [Os próximos cristãos],[5] e essa expressão de Gabe é boa para que aprendamos como ler o que

---

[5] Gabe Lyons, *The Next Christians: The Good News about the End of Christian America* (New York: Doubleday, 2010).

Deus fez: a boa-nova é que *Deus sempre levantou uma geração de próximos cristãos* que têm sido testemunhas fiéis à narrativa evangélica de Jesus para sua geração. Como podemos fazer jus a essa história da Igreja, ou a esse povo cuja história leva à nossa? Recomendo que adquira um exemplar de uma obra de referência da história da Igreja altamente recomendada como a *História do cristianismo*, de Justo Gonzalez[6], ou o volume representativo de Chris Armstrong sobre os "padroeiros",[7] mas insisto que você faça um compromisso vitalício, não somente um compromisso momentâneo. Tome a decisão de conhecer nossa narrativa desde Adão até o último cristão que foi batizado na sua igreja. Precisamos que mais pessoas entre nós sejam curiosas sobre os nossos antepassados. Isso nos ajudará a construir uma cultura do evangelho.

Precisamos também conhecer os nossos credos. Conforme disse anteriormente, muitos de nós nos ressentimos muito deles, mas a sabedoria da Igreja se coloca a favor do valor dos credos e das confissões de fé. Portanto peço para que você acesse o Google e leia o Credo dos Apóstolos ou o Credo de Niceia. Se possível, memorize um deles. Depois leia outros credos como as grandes confissões reformadas ou mesmo confissões mais recentes como o *Pacto de Lausanne* ou o *Manifesto de Manila*. Você pode não ser muito favorável à ideia de um credo ou pode não gostar da recitação pública de algum deles, ou mesmo pode ter a experiência que muitos de nós tem tido de estar em uma igreja recitando um credo em voz alta enquanto bem sabe que algumas pessoas que estão recitando com você não

---

[6] Justo Gonzalez, *História ilustrada do cristianismo* (2 volumes; São Paulo: Edições Vida Nova, 2010).

[7] Chris Armstrong, *Patron Saints for Postmoderns* (Downers Grove, IL: InterVarsity Press, 2009).

acreditam nem na metade dele. Entretanto, você tem a responsabilidade — se quiser participar da criação de uma cultura do evangelho — de saber o que o evangelho tem feito à igreja no passar do tempo.

Desenvolvendo narrativas de defesa

Em quarto lugar, precisamos confrontar as narrativas que relativizam ou reestruturam a nossa. A nossa cultura apresenta milhares de narrativas falsas que se baseiam em cosmovisões superficiais. Essas narrativas, com uma frequência maior, barram a entrada da narrativa do evangelho ou reformulam essa narrativa ou buscam abertamente destrui-la. Porém, a cultura do evangelho pode resisti-las anunciando que a narrativa do evangelho é a verdadeira. Ou, nas palavras do apóstolo Paulo:

> As armas com as quais lutamos não são humanas; pelo contrário, são poderosas em Deus para destruir fortalezas. Destruímos argumentos e toda pretensão que se levanta contra o conhecimento de Deus, e *levamos cativo todo pensamento, para torná-lo obediente a Cristo* (2Coríntios 10:4-5).

Quais são essas narrativas?

- Individualismo – a narrativa de que "eu" sou o centro do universo.
- Consumismo – a narrativa de que eu sou o que tenho.
- Nacionalismo – a narrativa de que o meu país é a nação de Deus.
- Relativismo moral – a narrativa de que não podemos saber o que é universalmente bom.
- Naturalismo científico – a narrativa de que tudo o que é importante se encontra na esfera material.

- A Nova Era – a narrativa de que somos deuses.
- O tribalismo pós-moderno – a narrativa de que tudo o que interessa é o que o meu pequeno grupo pensa.
- Salvação pela terapia – a narrativa de que posso chegar a todo o meu potencial humano por meio do estudo de mim mesmo.

Extraí essas "cosmovisões ocultas" do livro *Hidden Worldviews* [Cosmovisões ocultas] de Steve Wilkens e Mark Sanford.[8] No entanto, minha ideia não é listar todas elas, porque estou mais interessado em reconhecer o fato de que elas precisam ser confrontadas com a narrativa do evangelho. A estratégia é a seguinte: depois das três considerações acima, existem algumas outras coisas que podemos fazer para estabelecer a cultura do evangelho.

A primeira coisa é destacar o batismo. O que quero dizer nesse contexto consiste no capítulo 6 de Romanos, que articula a passagem de Mateus 28:16-20. Jesus disse aos seus discípulos para fazer discípulos batizando-os, mas foi Paulo que explicou de que maneira *o ato do batismo é evangelístico*. Ele o fez assim: o apóstolo via o batismo como o ato de ser batizado na morte de Jesus e se levantar das águas como ser ressuscitado juntamente com Cristo. Esse ato de batismo não consiste somente na confissão e na fé pessoal. Esse ato público de batismo, *por si só, se constitui em uma declaração pública da narrativa salvadora de Jesus*. Quando é realizado da maneira correta, o batismo prega o evangelho de forma pública.

---

[8] Steve Wilkens e Mark L. Sanford, *Hidden Worldviews: Eight Cultural Stories That Shape Our Lives* (Downers Grove, IL: InterVarsity Press, 2009).

evangelho nada mais é que a narrativa de Israel que é complementada na narrativa salvadora de Jesus, e essa narrativa trata da obra de Deus neste mundo entre o povo de Deus. Para adotar o evangelho de modo a criar uma cultura do evangelho, temos que adotar também a narrativa bíblica como a narrativa do povo de Deus. Adotaremos a Igreja, com todas as suas mazelas, como o povo de Deus. A cultura do evangelho equivale à cultura da Igreja, e é a cultura da Igreja que está sendo transformada — de forma conjunta — em uma cultura do evangelho que atenda aos interesses que expressamos nos pontos sobre os quais acabei de falar.

A adoção da narrativa do evangelho nos convoca a uma vida de comunicação com Deus, tanto ouvindo a Deus como falando com Ele. Chamamos isso de oração. Este livro não tem como assunto a oração, mas a oração assume duas formas principais: oramos de forma espontânea a partir da intimidade do nosso coração, das nossas vontades, das nossas esperanças e das nossas necessidades. Também recitamos as orações da Bíblia, os salmos e as orações da Igreja que podem ser encontradas em livros de oração.[11] Não consigo pensar em oração sem me lembrar da grande oração que Jesus nos concedeu, o Pai Nosso — e essa oração é a nossa oração evangélica mais importante, porque ela é moldada pela narrativa de Israel que se cumpre na narrativa de Jesus. Esta oração é uma forma de se comunicar com Deus sobre as verdades do evangelho.

Nós também abraçamos o evangelho para criar uma cultura do evangelho *servindo uns aos outros no amor e na compaixão.* Se observarmos as palavras de Jesus em seu credo de amar a Deus e amar ao próximo, ou as suas

---

[11] Faço uma apresentação dos livros de oração em *Praying with the Church* (Brewster, MA: Paraclete, 2006).

palavras nos chamando para servi-lo, ou, as palavras do apóstolo Paulo para que deixemos o Espírito de Deus produzir o seu fruto e os seus dons em nossa vida, a narrativa do evangelho nunca nos abandonará. Já que o nosso Deus é um Deus que envia, somos um povo enviado por Ele. Já que Ele é um Deus que nos direciona para o outro, somos também voltados para o próximo. O evangelho nos conduz para missões, para a missão holística de amar a Deus, amar a nós mesmos, amar ao próximo e amar o mundo.

Conclusão

Se me pedissem que resumisse o evangelho e a sua cultura em frases simples, eu tomaria emprestada a linguagem do homem da Irlanda do Norte, mais precisamente de Belfast, com o nome de C. S. Lewis. A partir do livro *O leão, a feiticeira e o guarda-roupa*, onde encontramos a história de Aslan pela primeira vez, encontraremos alguns temas fundamentais sobre Aslan. Trata-se da narrativa de Aslan, que é a forma pela qual Lewis conta a história de Jesus.

> Veja o Leão passar.
> Veja o Leão morrer na Mesa de Pedra.
> Veja a Mesa de Pedra rachar com novos poderes de criação.
> Ouça o Rugido do Leão.
> Confie no Leão.
> Ame o Leão.
> Viva para o Leão.

Esse é o nosso evangelho: trata-se da narrativa da salvação de Israel que se cumpre em Jesus, que viveu, morreu, foi sepultado, ressuscitou, e foi exaltado à mão direita de Deus, e agora está proclamando com rugido de leão a mensagem de que um dia o reino virá com toda a sua fúria gloriosa.

Apêndice 1

Declarações gerais do Novo Testamento

AS PASSAGENS A SEGUIR COMPLEMENTAM o que Paulo disse no capítulo 15 de 1Coríntios.

Romanos 1:1-4

Paulo, servo de Cristo Jesus, chamado para ser apóstolo, separado para o evangelho de Deus, o qual foi prometido por ele de antemão por meio dos seus profetas nas Escrituras Sagradas, acerca de seu Filho, que, como homem, era descendente de Davi, e que mediante o Espírito de santidade foi declarado Filho de Deus com poder, pela sua ressurreição dentre os mortos: Jesus Cristo, nosso Senhor.

Romanos 3:21-26

Mas agora se manifestou uma justiça que provém de Deus, independente da lei, da qual testemunham a Lei e os Profetas, justiça de Deus mediante a fé em Jesus Cristo para todos os que creem. Não há distinção, pois todos pecaram e estão destituídos da glória de Deus, sendo justificados gratuitamente por sua graça, por meio da redenção que há em Cristo Jesus. Deus o ofereceu como sacrifício para propiciação mediante a fé, pelo seu sangue, demonstrando a sua justiça. Em sua tolerância, havia deixado impunes os pecados anteriormente cometidos; mas, no presente, demonstrou a sua justiça, a fim de ser justo e justificador daquele que tem fé em Jesus.

Filipenses 2:5-11

Seja a atitude de vocês a mesma de Cristo Jesus:

que, embora sendo Deus,
    não considerou
que o ser igual a Deus
    era algo a que devia apegar-se;
mas esvaziou-se a si mesmo,
    vindo a ser servo,
tornando-se semelhante
    aos homens.
E, sendo encontrado
    em forma humana,
humilhou-se a si mesmo
    e foi obediente até à morte,
    e morte de cruz!

Por isso Deus o exaltou
   à mais alta posição
 e lhe deu o nome que está acima
   de todo nome,
 para que ao nome de Jesus
   se dobre todo joelho,
 no céu, na terra
   e debaixo da terra,
 e toda língua confesse que *Jesus Cristo é o Senhor*,
   para a glória de Deus Pai.

Colossenses 1:15-20

Ele é a imagem do Deus invisível, o primogênito de toda a criação, pois nele foram criadas todas as coisas nos céus e na terra, as visíveis e as invisíveis, sejam tronos ou soberanias, poderes ou autoridades; todas as coisas foram criadas por ele e para ele. Ele é antes de todas as coisas, e nele tudo subsiste. Ele é a cabeça do corpo, que é a igreja; é o princípio e o primogênito dentre os mortos, para que em tudo tenha a supremacia. Pois foi do agrado de Deus que nele habitasse toda a plenitude, e por meio dele reconciliasse consigo todas as coisas, tanto as que estão na terra quanto as que estão no céu, estabelecendo a paz pelo seu sangue derramado na cruz.

1Timóteo 3:16

Não há dúvida de que é grande o mistério da piedade:
   Deus foi manifestado
     em corpo,
     justificado no Espírito,
     visto pelos anjos,

pregado entre as nações,
crido no mundo,
recebido na glória.

2Timóteo 2:8

Lembre-se de Jesus Cristo, ressuscitado dos mortos, descendente de Davi, conforme o meu evangelho...

1Pedro 3:18-22

Pois também Cristo sofreu pelos pecados uma vez por todas, o justo pelos injustos, para conduzir-nos a Deus. Ele foi morto no corpo, mas vivificado pelo Espírito, no qual também foi e pregou aos espíritos em prisão que há muito tempo desobedeceram, quando Deus esperava pacientemente nos dias de Noé, enquanto a arca era construída. Nela apenas algumas pessoas, a saber, oito, foram salvas por meio da água, e isso é representado pelo batismo que agora também salva vocês — não a remoção da sujeira do corpo, mas o compromisso de uma boa consciência diante de Deus — por meio da ressurreição de Jesus Cristo, que subiu ao céu e está à direita de Deus; a ele estão sujeitos anjos, autoridades e poderes.

APÊNDICE 2

Justino Mártir, Primeira apologia, 66-67

Capítulo 66 – Sobre a Ceia do Senhor

Além do mais, esta refeição é chamada entre nós *Eukaristia* [a Ceia do Senhor], da qual não se deixa ninguém participar senão aquele que acredita que as coisas que ensinamos são verdade, e que foi purificado com as águas para remissão de pecados e para a regeneração, que vivem como Cristo ordenou. Portanto, não recebemos esses elementos como pão ou bebida comum, mas, de modo parecido com nosso Salvador Jesus Cristo, que se fez carne pela Palavra de Deus, tomou carne e sangue para a nossa salvação, fomos ensinados que a comida que é abençoada pela oração da sua palavra, e com a qual o nosso sangue e a nossa carne são alimentados por transmutação, nada mais são que a carne o sangue desse Jesus que se fez carne. Por isso os apóstolos, nas memórias que eles escreveram, que são chamadas de Evangelhos, entregaram a nós o que lhes foi ordenado; que Jesus tomou o pão, e quando deu graças, disse: "Façam isto em memória de mim, isto é o meu corpo"; e que, semelhantemente, ao tomar o cálice e dar graças, disse: "Isto é o meu sangue"; e repartiu só com eles. É isso que os demônios malignos imitaram nos mistérios de Mitra, ordenando que se fizesse a mesma coisa. Porque o pão e um cálice com água são colocados junto com alguns encantamentos nos rituais místicos daquele que está sendo iniciado: se já não sabem, fiquem sabendo.

Capítulo 67 – O culto semanal dos cristãos

Depois disso, lembramo-nos sempre uns aos outros dessas coisas. Além disso, os ricos entre nós ajudam os necessitados; e nós sempre cuidamos uns dos outros, tendo em todas as coisas o sustento, bendizemos o Criador de todas as coisas por meio do seu Filho Jesus Cristo e do Espírito Santo. Igualmente no dia chamado de domingo, todos os que moram na cidade ou no campo se reúnem em um só lugar, fazendo uma leitura das memórias dos apóstolos ou dos escritos dos profetas, no máximo de tempo possível; depois, quando o leitor termina, o dirigente faz uma instrução verbal, e exorta à imitação dessas coisas boas. Depois todos nós nos levantamos juntos e oramos, e, conforme já dissemos, quando essa oração termina, são trazidos o pão, o vinho e a água, e o dirigente de modo semelhante faz orações e dá graças a Deus, de acordo com a sua capacidade, e as pessoas confirmam dizendo amém, e existe uma distribuição para cada um, e uma participação daquilo que recebeu a ação de graças, e se envia uma porção por meio dos diáconos para as pessoas que não puderam estar presentes. Além disso, aqueles que estão bem de vida e são voluntários, contribuem com aquilo que acharem adequado; e o que é recolhido é confiado ao dirigente, que socorre os órfãos, as viúvas, aqueles que se acham na prisão e os estrangeiros que estão fazendo pousada entre nós, que, enfim, toma conta de todos que passam necessidade. Entretanto, o domingo é o dia no qual temos a nossa reunião comum, porque se trata do primeiro dia no qual Deus, depois de operar uma mudança nas trevas e na matéria, criou o mundo; e, no mesmo dia, nosso Salvador Jesus Cristo ressuscitou dentre os mortos. Ele foi crucificado no dia que tem o nome de Saturno (sábado); e no dia seguinte ao de Saturno, que é o dia do Sol, ao aparecer aos seus apóstolos e discípulos, ensinou-lhes essas coisas, as quais transmitimos a vocês para que reflitam sobre elas.[1]

---

[1] Veja o livro *Patrística: Justino de Roma: I e II Apologias, Diálogo com Trifão (Volume 3)* (São Paulo: Paulus, 1995).

Apêndice 3

As pregações de Atos dos Apóstolos

O sermão evangelístico de Pedro no Dia de Pentecostes (Atos 2:14-39)

Então Pedro levantou-se com os Onze e, em alta voz, dirigiu-se à multidão: "Homens da Judéia e todos os que vivem em Jerusalém, deixem-me explicar-lhes isto! Ouçam com atenção: estes homens não estão bêbados, como vocês supõem. Ainda são nove horas da manhã!" (v. 14-15)

Observe como Pedro passa imediatamente à narrativa do Antigo Testamento para explicar o que está acontecendo com Jesus e seus seguidores:

"Pelo contrário, isto é o que foi predito pelo profeta Joel:
"'Nos últimos dias, diz Deus,
 derramarei do meu Espírito sobre todos os povos.
Os seus filhos e as suas filhas profetizarão,

> os jovens terão visões,
> os velhos terão sonhos.
> Sobre os meus servos e as minhas servas
> derramarei do meu Espírito naqueles dias,
> e eles profetizarão.
> Mostrarei maravilhas em cima no céu
> e sinais em baixo, na terra,
> sangue, fogo e nuvens de fumaça.
> O sol se tornará em trevas
> e a lua em sangue,
> antes que venha o grande e glorioso dia do Senhor.
> E todo aquele que invocar o nome do Senhor será salvo!'" (v. 16-21)

Ele conta a narrativa a respeito de Jesus: vida, morte, ressurreição e exaltação.

> "Israelitas, ouçam estas palavras: Jesus de Nazaré foi aprovado por Deus diante de vocês por meio de milagres, maravilhas e sinais, que Deus fez entre vocês por intermédio dele, como vocês mesmos sabem. Este homem lhes foi entregue por propósito determinado e pré-conhecimento de Deus; e vocês, com a ajuda de homens perversos, o mataram, pregando-o na cruz. Mas Deus o ressuscitou dos mortos, rompendo os laços da morte, porque era impossível que a morte o retivesse. (v. 22-24)

Jesus, o rei messiânico e davídico, é profetizado na narrativa de Israel.

> "A respeito dele, disse Davi:
> 'Eu sempre via o Senhor diante de mim.

Porque ele está à minha direita,
não serei abalado.
Por isso o meu coração está alegre e a minha língua exulta;
o meu corpo também repousará em esperança,
porque tu não me abandonarás no sepulcro,
nem permitirás que o teu Santo sofra decomposição.
Tu me fizeste conhecer os caminhos da vida
e me encherás de alegria na tua presença.'

"Irmãos, posso dizer-lhes com franqueza que o patriarca Davi morreu e foi sepultado, e o seu túmulo está entre nós até o dia de hoje. Mas ele era profeta e sabia que Deus lhe prometera sob juramento que colocaria um dos seus descendentes em seu trono. Prevendo isso, falou da ressurreição do Cristo, que não foi abandonado no sepulcro e cujo corpo não sofreu decomposição.

Ele foi morto, ressuscitou e foi exaltado como Rei.

Deus ressuscitou este Jesus, e todos nós somos testemunhas desse fato. Exaltado à direita de Deus, ele recebeu do Pai o Espírito Santo prometido e derramou o que vocês agora veem e ouvem.

Retorna-se à narrativa de Israel.

Pois Davi não subiu ao céu, mas ele mesmo declarou:
'O Senhor disse ao meu Senhor:
Senta-te à minha direita
até que eu ponha os teus inimigos
como estrado para os teus pés.'

A proposta do evangelho!

"Portanto, que todo Israel fique certo disto: Este Jesus, a quem vocês crucificaram, Deus o fez Senhor e Cristo". (v. 36)

Como receber o evangelho apostólico de Pedro.

Quando ouviram isso, os seus corações ficaram aflitos, e eles perguntaram a Pedro e aos outros apóstolos: "Irmãos, que faremos? " Pedro respondeu: "Arrependam-se, e cada um de vocês seja batizado em nome de Jesus Cristo,... (v. 37-38a)

Os benefícios para aqueles que o recebem.

[...] para perdão dos seus pecados, e receberão o dom do Espírito Santo. Pois a promessa é para vocês, para os seus filhos e para todos os que estão longe, para todos quantos o Senhor, o nosso Deus chamar". (v. 38b-39)

A segunda pregação evangelística de Pedro em Atos dos Apóstolos (Atos 3:12-26)

Vendo isso, Pedro lhes disse: "Israelitas, por que isto os surpreende? Por que vocês estão olhando para nós, como se tivéssemos feito este homem andar por nosso próprio poder ou piedade? (v. 12)

Pedro recorre à narrativa de Israel para explicar uma cura – ele recorre ao Deus que ressuscitou Jesus dentre os mortos e conta a narrativa do evangelho

APÊNDICE 3 **255**

O Deus de Abraão, de Isaque e de Jacó, o Deus dos nossos antepassados, glorificou seu servo Jesus, a quem vocês entregaram para ser morto e negaram perante Pilatos, embora ele tivesse decidido soltá-lo. Vocês negaram publicamente o Santo e Justo e pediram que lhes fosse libertado um assassino. Vocês mataram o autor da vida, mas Deus o ressuscitou dos mortos. E nós somos testemunhas disso (v. 13-15).

A fé no Jesus ressuscitado cura.

Pela fé no nome de Jesus, o Nome curou este homem que vocês veem e conhecem. A fé que vem por meio dele lhe deu esta saúde perfeita, como todos podem ver (v. 16).

Retorno à narrativa de Israel para explicar o sofrimento de Cristo.

Agora, irmãos, eu sei que vocês agiram por ignorância, bem como os seus líderes. Mas foi assim que Deus cumpriu o que tinha predito por todos os profetas, dizendo que o seu Cristo haveria de sofrer (v. 17-18).

Como receber o evangelho.

"Arrependam-se, pois, e voltem-se para Deus" (v. 19a).

Os benefícios da salvação para aqueles que o recebem.

[...] para que os seus pecados sejam cancelados, para que venham tempos de descanso da parte do Senhor, e ele mande o Cristo, o qual lhes foi designado, Jesus" (v. 19b-20).

Novo retorno à narrativa de Israel: a inclusão dos gentios.

"É necessário que ele permaneça no céu até que chegue o tempo em que Deus restaurará todas as coisas, como falou há muito tempo, por meio dos seus santos profetas. Pois disse Moisés: 'O Senhor Deus lhes levantará dentre seus irmãos um profeta como eu; ouçam-no em tudo o que ele lhes disser. Quem não ouvir esse profeta, será eliminado do meio do seu povo'.

"De fato, todos os profetas, de Samuel em diante, um por um, falaram e predisseram estes dias. E vocês são herdeiros dos profetas e da aliança que Deus fez com os seus antepassados. Ele disse a Abraão: 'Por meio da sua descendência todos os povos da terra serão abençoados'. Tendo Deus ressuscitado o seu Servo, enviou-o primeiramente a vocês, para abençoá-los, convertendo cada um de vocês das suas maldades" (v. 21-26).

Um resumo da pregação do evangelho que Pedro ministrava (Atos 4:8-12)

Temas principais: a narrativa do evangelho de Jesus, a narrativa de Israel é aquela que o estrutura.

Então Pedro, cheio do Espírito Santo, disse-lhes: "Autoridades e líderes do povo! Visto que hoje somos chamados para prestar contas de um ato de bondade em favor de um aleijado, sendo interrogados acerca de como ele foi curado, saibam os senhores e todo o povo de Israel que por meio do nome de Jesus Cristo, o Nazareno, a quem os senhores crucificaram, mas a quem Deus ressuscitou dos mortos, este homem está aí curado diante dos senhores. Este Jesus é

'a pedra que vocês,
> construtores,
>> rejeitaram,
> e que se tornou
>> a pedra angular'.

Não há salvação em nenhum outro, pois, debaixo do céu não há nenhum outro nome dado aos homens pelo qual devamos ser salvos.

A pregação famosa de Pedro na casa de Cornélio: o evangelho para os gentios (Atos 10:34-43)

Temas: resumo da narrativa de Jesus – a estrutura dos Evangelhos.

Então Pedro começou a falar: "Agora percebo verdadeiramente que Deus não trata as pessoas com parcialidade, mas de todas as nações aceita todo aquele que o teme e faz o que é justo. Vocês conhecem a mensagem enviada por Deus ao povo de Israel, que fala das boas-novas de paz por meio de Jesus Cristo, Senhor de todos. Sabem o que aconteceu em toda a Judeia, começando na Galileia, depois do batismo que João pregou, como Deus ungiu a Jesus de Nazaré com o Espírito Santo e poder, e como ele andou por toda parte fazendo o bem e curando todos os oprimidos pelo diabo, porque Deus estava com ele. "Nós somos testemunhas de tudo o que ele fez na terra dos judeus e em Jerusalém, onde o mataram, suspendendo-o num madeiro. Deus, porém, o ressuscitou no terceiro dia e fez que ele fosse visto, não por todo o povo, mas por testemunhas que designara de antemão, por nós que comemos e bebemos com ele depois que ressuscitou dos mortos". (v. 34-41)

Ela inclui a exaltação de Jesus como Juiz.

"Ele nos mandou pregar ao povo e testemunhar que este é aquele a quem Deus constituiu juiz de vivos e de mortos" (v. 42).

A narrativa de Israel e os benefícios da salvação.

"Todos os profetas dão testemunho dele, de que todo aquele que nele crê recebe o perdão dos pecados mediante o seu nome" (v. 43).

O testemunho de Pedro sobre a obra de Deus entre os gentios por meio de sua evangelização (Atos 11:4-18)

Pedro, então, começou a explicar-lhes exatamente como tudo havia acontecido: "Eu estava na cidade de Jope orando; caindo em êxtase, tive uma visão. Vi algo parecido com um grande lençol sendo baixado do céu, preso pelas quatro pontas, e que vinha até o lugar onde eu estava. Olhei para dentro dele e notei que havia ali quadrúpedes da terra, animais selvagens, répteis e aves do céu. Então ouvi uma voz que me dizia: 'Levante-se, Pedro; mate e coma'.

"Eu respondi: De modo nenhum, Senhor! Nunca entrou em minha boca algo impuro ou imundo'.

"A voz falou do céu segunda vez: 'Não chame impuro ao que Deus purificou'. Isso aconteceu três vezes, e então tudo foi recolhido ao céu.

"Na mesma hora chegaram à casa em que eu estava hospedado três homens que me haviam sido enviados de Cesareia. O Espírito me disse que não hesitasse em ir com eles. Estes seis irmãos também foram comigo, e entramos na casa de um certo homem. Ele nos contou como um anjo lhe tinha aparecido em sua casa e dissera: 'Mande buscar, em Jope, a Simão, chamado Pedro. Ele lhe trará uma mensagem por meio da qual serão salvos você e todos os da sua casa.'

"Quando comecei a falar, o Espírito Santo desceu sobre eles como sobre nós no princípio. Então me lembrei do que o Senhor tinha dito: 'João batizou com água, mas vocês serão batizados com o Espírito Santo.' Se, pois, Deus lhes deu o mesmo dom que nos dera quando cremos no Senhor Jesus Cristo, quem era eu para pensar em opor-me a Deus?"

Ouvindo isso, não apresentaram mais objeções e louvaram a Deus, dizendo: "Então, Deus concedeu arrependimento para a vida até mesmo aos gentios!".

A evangelização de Paulo em Antioquia (Atos 13:16-41)

Pondo-se de pé, Paulo fez sinal com a mão e disse: "Israelitas e gentios que temem a Deus, ouçam-me! (v.16).

A narrativa de Israel como ponto de partida.

"O Deus do povo de Israel escolheu nossos antepassados, e exaltou o povo durante a sua permanência no Egito; com grande poder os fez sair daquele país e os aturou no deserto durante cerca de quarenta anos. Ele destruiu sete nações em Canaã e deu a terra delas como herança ao seu povo. Tudo isso levou cerca de quatrocentos e cinquenta anos.

Depois disso, ele lhes deu juízes até o tempo do profeta Samuel. Então o povo pediu um rei, e Deus lhes deu Saul, filho de Quis, da tribo de Benjamim, que reinou quarenta anos. Depois de rejeitar Saul, levantou-lhes Davi como rei, sobre quem testemunhou: 'Encontrei Davi, filho de Jessé, homem segundo o meu coração; ele fará tudo o que for da minha vontade'" (v. 17-22).

Essa narrativa leva à narrativa de Jesus, tendo João como aquele que apontava para Jesus.

"Da descendência desse homem Deus trouxe a Israel o Salvador Jesus, como prometera. Antes da vinda de Jesus, João pregou um batismo de arrependimento para todo o povo de Israel. Quando estava completando sua carreira, João disse: 'Quem vocês pensam que eu sou? Não sou quem vocês pensam. Mas eis que vem depois de mim aquele cujas sandálias não sou digno nem de desamarrar.'

A narrativa salvadora de Jesus: vida, morte e ressurreição.

"Irmãos, filhos de Abraão, e gentios que temem a Deus, a nós foi enviada esta mensagem de salvação. O povo de Jerusalém e seus governantes não reconheceram Jesus, mas, ao condená-lo, cumpriram as palavras dos profetas, que são lidas todos os sábados. Mesmo não achando motivo legal para uma sentença de morte, pediram a Pilatos que o mandasse executar. Tendo cumprido tudo o que estava escrito a respeito dele, tiraram-no do madeiro e o colocaram num sepulcro. Mas Deus o ressuscitou dos mortos, e, por muitos dias, foi visto por aqueles que tinham ido com ele da Galileia para Jerusalém. Eles agora são testemunhas dele para o povo" (v. 26-31).

Retorno à narrativa de Israel como aquela que promete o evangelho do Rei Jesus.

"Nós lhes anunciamos as boas-novas: o que Deus prometeu a nossos antepassados ele cumpriu para nós, seus filhos, ressuscitando Jesus, como está escrito no Salmo segundo:

'Tu és meu filho;

eu hoje te gerei.'

O fato de que Deus o ressuscitou dos mortos, para que nunca entrasse em decomposição, é declarado nestas palavras:

'Eu lhes dou as santas e fiéis bênçãos prometidas a Davi.'

Assim ele diz noutra passagem: 'Não permitirás que o teu Santo sofra decomposição.'

"Tendo, pois, Davi servido ao propósito de Deus em sua geração, adormeceu, foi sepultado com os seus antepassados e seu corpo se decompôs. Mas aquele a quem Deus ressuscitou não sofreu decomposição" (v. 32-37).

Como receber o evangelho e os benefícios da salvação.

"Portanto, meus irmãos, quero que saibam que mediante Jesus lhes é proclamado o perdão dos pecados. Por meio dele, todo aquele que crê é justificado de todas as coisas das quais não podiam ser justificados pela lei de Moisés" (v. 38-39).

Mais um retorno à narrativa de Israel.

Cuidem para que não lhes aconteça o que disseram os profetas:

'Olhem, escarnecedores,

admirem-se e pereçam;
 pois nos dias de vocês farei algo
que vocês jamais creriam
se alguém lhes contasse!'" (v. 40-41).

Resumo de uma pregação evangelística de Paulo em Listra (Atos 14:15-17)

Temas: arrependimento, Deus é Criador, revelação natural.

"Homens, por que vocês estão fazendo isso? Nós também somos humanos como vocês. Estamos trazendo boas-novas para vocês, dizendo-lhes que se afastem dessas coisas vãs e se voltem para o Deus vivo, que fez o céu, a terra, o mar e tudo o que neles há. No passado ele permitiu que todas as nações seguissem os seus próprios caminhos. Contudo, não ficou sem testemunho: mostrou sua bondade, dando-lhes chuva do céu e colheitas no tempo certo, concedendo-lhes sustento com fartura e enchendo de alegria os seus corações".

A famosa pregação de Paulo no Areópago (Atos 17:22-31)

Tema principal: o culto a Deus, o anseio de buscar a Deus.

Então Paulo levantou-se na reunião do Areópago e disse: "Atenienses! Vejo que em todos os aspectos vocês são muito religiosos, pois, andando pela cidade, observei cuidadosamente seus objetos de culto e encontrei até um altar com esta inscrição: AO DEUS

DESCONHECIDO. Ora, o que vocês adoram, apesar de não conhecerem, eu lhes anuncio" (v. 22-23).

A narrativa de Israel como uma narrativa humana universal

"O Deus que fez o mundo e tudo o que nele há é o Senhor do céu e da terra, e não habita em santuários feitos por mãos humanas. Ele não é servido por mãos de homens, como se necessitasse de algo, porque ele mesmo dá a todos a vida, o fôlego e as demais coisas" (v. 24-25).

As falhas de Adão como "primeiro homem".

"De um só fez ele todos os povos, para que povoassem toda a terra, tendo determinado os tempos anteriormente estabelecidos e os lugares exatos em que deveriam habitar. Deus fez isso para que os homens o buscassem e talvez, tateando, pudessem encontrá-lo, embora não esteja longe de cada um de nós. 'Pois nele vivemos, nos movemos e existimos', como disseram alguns dos poetas de vocês: 'Também somos descendência dele.' "Assim, visto que somos descendência de Deus, não devemos pensar que a Divindade é semelhante a uma escultura de ouro, prata ou pedra, feita pela arte e imaginação do homem". (v. 26-29)

Como receber: arrependimento por causa do juízo de Jesus.

"No passado Deus não levou em conta essa ignorância, mas agora ordena que todos, em todo lugar, se arrependam. Pois estabeleceu um dia em que há de julgar o mundo com justiça, por meio do homem que designou. (v. 30-31a)

A ressurreição de Jesus como uma razão apologética para que se escute a mensagem.

"E deu provas disso a todos, ressuscitando-o dentre os mortos" (v. 31b).

Palavras finais

ESTE LIVRO É FRUTO DE anos de leitura bíblica, de oração, de ensino e pregação, e de palestras em faculdades, seminários e conferências. Nas suas páginas iniciais dei o meu reconhecimento para aqueles que me convidaram a dar palestras, e seria engraçado escrever histórias sobre cada uma dessas oportunidades, mas esses prazeres têm que ser vividos em caráter pessoal. Ainda assim, gostaria de agradecer mais uma vez aos vários amigos e colegas que fizeram parte deste projeto, inclusive Attie Nel, Marius Nel, Coenie Burger, Theo Geyser, David deSilva, John Byron, Allan Bevere, Wes Olmstead, Patrick Mitchel (cujo nome é representativo dos vários líderes maravilhosos do Instituto Bíblico Irlandês); Jerry Rushford, Chuck Conniry, Terry Dawson; Marshall Shelley e Skye Jethani da revista *Leadership*, que me provocou para escrever algo sobre o evangelismo para a iGens; George Kalantzis, que me convidou para dar uma palestra para um grupo de especialistas em patrística sobre o evangelho; Gerald McDermott, que me fez um convite para que escrevesse alguma coisa sobre a teologia evangélica sobre o evangelho; Kevin Corcoran, pelo convite para escrever sobre o evangelho e sobre a expiação no livro de Atos; e Mark Galli e o pessoal da revista *Christianity Today* por publicar uma resenha de alguns temas deste livro.

Tenho também uma dívida de gratidão com os meus alunos do quarto ano do seminário do outono de 2010 por terem dado atenção a esse livro e por sua interação com ele. Suas apresentações em sala de aula para teólogos, abordando desde o papa Bento XVI até Henri Lubac, de Atanásio até Rob Bell, e de Anne Carr até John Piper, estimularam o meu pensamento e, de um modo ou de outro, impactaram este livro. Um ex-assistente de graduação chamado Chris Ridgeway, e a sua tese "Napkin Evangelism: The Evangelical Rhetoric of Conversion in Gospel Diagrams Old and New" [Evangelismo de guardanapo: a retórica evangélica de conversão em diagramas antigos e novos do evangelho], me forneceram todo tipo de sugestões sobre como estruturar aquilo que chamo neste livro de "cultura da salvação".

Os meus colegas na North Park University, Greg Clark, Brad Nassif, Joel Willitts, Mary Veeneman, e Boaz Johnson são fonte de amizade, mas também responderam perguntas pontuais no que diz respeito ao evangelho, e registro novamente minha gratidão a David Parkyn e à North Park University por me providenciarem um cenário tão maravilhoso para ensinar e para escrever. A minha amiga Roseanne Sension leu o livro, fez algumas perguntas e o melhorou, do mesmo modo que Mike Bird, J. Daniel Kirk e David Fitch.

O meu agente literário Greg Daniel apoia e mentoreia meus livros de um modo que supera todas as expectativas. Uma das suas sugestões levaram a uma clareza bem maior à segunda metade deste livro. Agradeço também ao meu amigo e editor na Zondervan, John Raymond, pelo seu apoio neste projeto, bem como por suas sugestões criteriosas sobre como fazer que este livro possibilitasse uma leitura mais leve. Verlyn Verbrugge, outro editor da Zondervan, supervisionou todo o processo de publicação deste livro.

Palavras finais

Não há como expressar adequadamente em palavras o meu amor e a minha gratidão à Kris. Depois de dois longos dias em Stellenbosch, na África do Sul, e de ouvir várias palestras a respeito do livro de Atos, inclusive a minha, ela disse: "A sua tese foi a melhor". Depois desses dois dias bem longos de palestras que ministrei em Dublin, na Irlanda, enquanto voltávamos para o nosso quarto, ela disse: "Que palestra longa!". Chegamos agora ao momento final dela, minha querida (para a sua alegria!).

Véspera do Natal de 2010

Sua opinião é importante para nós.
Por gentileza, envie-nos seus comentários pelo e-mail:

editorial@hagnos.com.br

Visite nosso site:

www.hagnos.com.br